平凡社新書
221

バスクとバスク人

渡部哲郎
Watanabe Tetsurō

HEIBONSHA

バスクとバスク人●目次

17地方自治州と2自治都市

注―セウタ、メリーリャは自治都市

バスク地方

序章

世界に拡がる小さな「くに」

緑に恵まれた山地と世界への通路となった海を持つバスク

本書のテーマに入る前に、私の体験的な「バスク」から話を始めよう。

バスク人の風体を思い浮かべるとき、その角張った顔をおおうばかりに目深くかぶったベレー帽姿が印象にある。洒落て頭の上に帽子を乗せるという風情ではなく、力一杯帽子のつばを下へ引っ張った感じのかぶり方である。そうすることによって描き出されたポートレートの陰影には、ますます太い線が勢いよく引かれる。太く、力強い。しかし、鋭い眼光はなにか遠くを見つめて、反面うつろな印象を与える。沈思黙考、なにを思うのか。心の中を詳《つまび》らかにしない孤高さが漂う。人様々であり、ステレオ・タイプのバスク人像を紹介するつもりはない。しかし、「バスクとは、なにか?」と問われると、いつも思い浮かべる姿でもある。

ベレー帽に代表されるバスク人の「持ちもの」には、バスクが発祥の地であるという「誇り」が表現される。名のる名前も一度では覚えきれないほど長く、欧米人の苗字にしては聞きなれない代物である。苗字は家門の由来を示し、長ければ長いほどバスク人である出自を明らかにする。たとえば、筆者の友人の例をみよう。彼の苗字は、ガツァガエチェバリア (Gatzaga = 潮だまり　etxe = 家　barria = 新しい) であり、ビスケー湾に面した海辺の町の出身であり、家代々が漁業関係に従事してきた。その姓によって出身地がわかるほどだ。

また彼らバスク人が話す言葉は濁音、撥音まじりで周辺の言語となじみがない。因習とも思えるほど、「家」の仕切りや家を中心とした村や町の集団のつながりが重んじられる。その一方で外には開放的なところがある。村や町で行われる各種の祭りはそれぞれの構成員のほぼ全員が参加して行われるが、外からの参加も歓迎する。内なる引力は拘束力があり団結の強さになるが、外に向けてはむしろ拡散型と受け取ってもよいほど、こだわりを感じさせない。

風変わりな集団、その集団の住むところがバスクであるが、想像する外観ほどには日常生活をするうえで異様さを感じさせない。バスクそのものが人口も少なく、地域も小さい、スモール・サイズである。しかし、山椒も小粒のたとえではないが、異彩を放つ。バスクに惹《ひ》きつけられて奥の院の扉を開けると、異色な社会や文化を見せつけられることになる。

わが国においてバスク・ブームを喚起した書物に、司馬遼太郎『街道をゆく22　南蛮のみち1』（朝日文庫、一九八八年）がある。日本文化に衝撃を与え、その後色濃く残る南蛮文化のルーツを求めて司馬はバスクに行き着く。南蛮文化はキリシタンと深く結びつき、その起点はフランシスコ・ザビエル来日である。このバスク人ザビエルとともに、第二次世界大戦後に自信を失いかけた日本人に勇気を与えたカンドー神父（一八九七―一九五五年。カトリック司祭。戦後、日仏学院の創立に尽力。『朝日新聞』等に日本語でエッセイを執筆し、多くの愛読者を得た）もバスク人、となると、いざバスクへとなるのである。司馬はその独特な言語や風習を紹介して、その小さな「くに」への尽きない興味を披露する。
さらにバスクについてニュース種となっているのは、スペインからの分離・独立を求めるバスク民族運動急進派が引き起こすテロ事件である。観光地スペインに不安をもたらす邪魔もの扱いとさえ受けとられる事件の続発は、日本の新聞紙上のスペイン・ニュースの定番ともなっている。もちろんスペイン国内のメディア（テレビ、新聞）でも、テロ事件を含むバスク問題はトップ・ニュースの常連である。人口も地域面積も「小」である（表1、表2参照）バスクがなぜ大きな扱いとなるのか。「小」でもバスクの「力」は、潜在的な力も含めてスペイン全体に及ぶからである。この点については、本論で詳述することになる。

小さくてもバスクの活動領域がグローバルに展開している例を、ある種の歴史ロマンをかき立てるものとして一部紹介しておこう。ヨーロッパにおける捕鯨のルーツはバスクにあった。一九世紀後半にノルウェー式の捕鯨銃による捕獲方法が登場するまで、集団で銛を打ち込むやり方はバスク人がカンブリア海のビスケー湾（ビスカヤ＝バスクの湾）から北海まで鯨を追った方法であった。大西洋上に捕鯨の範囲を広げたオランダもイギリスも、バスクの人員と方法を取り入れた。一九世紀捕鯨大国となったアメリカ合衆国はアメリカ

表１　スペインとバスクの面積と2001年人口

	面積(km²) (%)	人口(千人) (%)	91年との増減(千人)
スペイン全体	504,750(100.0)	40,851(100.0)	+1,856
バスク州	7,234 (1.4)	2,082 (5.1)	−19
アラバ県	3,037 (0.6)	286 (0.7)	+13
ギプスコア県	1,980 (0.4)	674 (1.7)	−2
ビスカヤ県	2,217 (0.4)	1,123 (2.7)	−30
ナバラ州	10,421 (2.1)	556 (1.4)	+34
小計	17,655 (3.5)	2,638 (6.5)	+15
アンダルシア州	87,268 (17.3)	7,360 (18.0)	
カタルーニャ州	31,930 (6.3)	6,343 (13.3)	
マドリード州	7,995 (1.6)	5,423 (15.5)	
(以下略)			

注—人口は国立統計局「INE 国勢調査」、バスク統計研究所による

表２　バスク主要都市の人口の推移

（単位＝人）

	1900	1920	1940	1960	1981	1991	2001
ビトリア	30,701	34,785	49,752	73,701	192,773	209,704	216,852
サンセバスティアン	37,812	61,774	103,979	135,149	175,576	176,019	178,377
ビルバオ	83,306	112,819	195,186	297,942	433,030	372,054	349,972
パンプローナ	28,886	32,635	61,188	97,880	183,126	191,197	183,964
バラカルド*	15,013	26,906	36,165	77,802	117,422	105,677	94,478
ドゥランゴ	4,319	5,758	8,251	14,417	26,101	22,492	25,003
ゲチョ*	5,442	11,399	17,795	22,951	67,321	79,517	82,285
レケイティオ	3,944	4,110	4,062	5,011	6,874	6,780	7,357
セスタオ*	10,833	15,579	18,625	24,992	39,993	35,537	31,773
マドリード市	539,835	750,896	1,088,647	2,259,931	3,188,297	3,084,673	2,938,723

注—＊はビルバオに隣接する都市。都市名はスペイン語表記とした。国立統計局「INE 国勢調査」による

式捕鯨によって太平洋へ乗り出した。アメリカの捕鯨はメルビルの『白鯨』（一八五一年刊）に著わされているように、集団で小型船を漕ぎ出して銛を打ち込むバスク式の技術に似ている。当時の最新式装備を整えたとはいえ、バスクに始まるヨーロッパの捕鯨の技術は北米へ伝承された。その捕鯨船団を護衛し、食料や水の供給基地を求めて日本に開港を迫ったのが、ペリー提督率いるアメリカ合衆国東インド艦隊の「黒船」であった。このような事実関係を積み重ねると、日本は、ザビエルに始まり「黒船」に至る鎖国の前後に、「バスク」との関わりがあったといえまいか。このエピソードは、小さな「くに」バスクの知恵がグローバルな展開をする一例であると考えることができる。

しかし、小さいがゆえに印象が残らない場合もある。私はバスクについて学ぶようになり、たびたびバスクへ行く機会が増えた。スペイン国内にあるバスクを日本で紹介する際に意外なことに気がついた。「緑豊かなバスクは」という書き出し自体が、赤茶けた大地のスペインというイメージを持つ日本の読者にとっては違和感を持たせることになった。日本において一般的に持たれているスペイン＝赤茶けた大地のイメージは、私見だが、次のような出来すぎた話に由来はしないだろうか。

日本からスペインの首都マドリードを目指す場合、直行便がない時代にはフランスのパリからマドリード行き国際夜行列車に乗ることになる。パリのアウステルリッツ駅を午後に出発するこの国際列車は、真夜中にフランスとスペインの国境に到着した。フランス語でアンデイ、スペイン語でエンダヤという国境の駅では下車するか、乗車したままでもパスポートを車掌が集める。ここで列車がワイヤーで吊り上げられ、車輪の台車が交換される。スペインとフランスではレール幅が異なっているからであった。真っ暗な中で、作業場だけにライトが煌々《こうこう》と照らされた。乗客は睡魔も手伝って呆然と作業の終了を待つだけであった。再び列車が出発して今度目を覚ますのは、終着地マドリードに近い「赤茶けた大地」の中を疾走している時であった。暗闇の中に「緑豊かな」バスクが存在したことなど、微塵もイメージには残っていない。

また陸路フランスから国境を越えてスペインに入った場合、車窓の風景は、ピレネー山脈の山々がそのまま国境ラインをまたいでもほとんど変わることがない。海側に展開するビスケー湾と港町を見ていても同じである。フランスバスクとスペインバスクとの国境《くにざかい》（以後、フランスバスクとスペインバスクの境について、「くにざかい」とルビを付す）を意識しなければ、その連続性は気にもならない。一九三九年、スペイン内戦が終結したばかりのとき、フランスのボルドーから自動車でスペインバスクの都会サンセバスティアンに「入国」した野上弥生子は、『欧米の旅　下』（岩波文庫、二〇〇一年）で車窓の「連続性」を描写している。サンセバスティアンを起点に周辺のバスクを旅しながら、「スペイン」について触れるばかりである。

私は早朝にパリを出発する急行列車でボルドーに向かい、そこでローカル線に乗り換えてスペイン国境までいく進路をとる。フランスバスクの海岸線を抜けてアンデイに到着、そこで下車して国境のビダソワ川に架かる橋を歩いて渡り、スペイン側のイルン郊外からスペインバスクに入る。私はこの道順が好きだった。大陸に生まれ育たなかった者にとって、それは「国境」を確かめる作業であったし、何度も繰り返すうちに国境《くにざかい》の川を渡る感覚になっていくのが自覚できた。スペインに到着したという実感とともに、もうバスクに入るわくわく感が出てくる。野上とは時代も違い、またバスク自治政府がフランコ軍に敗れ、バスク語表記など地方的な要素がご法度であった時代と異なるとはいえ、フランスのバイヨンヌ、ベアリッツとスペイン国境に近づくにつれてバスク的な風情は増していくが、確かに国境を挟んでそれぞれのバスクが異質なものには見えず、「連続性」が指摘できる。国境のパスポート・チェックは人為的なものであり、旅情には大きな影響はないのかもしれない。この国境の橋上で、フランスに逃亡した共和国陣営の「政治犯」がフランスを占領したドイツの秘密警察ゲシュタポに逮捕され、フランコが統治するスペインの警察に引き渡されたことを知らなければ、である。今日、ヨーロッパ連合（EU）域内ではパスポート・チェックもない。

現在はスペインバスクに入ると、否応なしにバスクを意識させられる。東端から西へ移動する間に目にする道路標識や広告板に、公用語となったバスク語表記が一九七〇年代後半から八〇年代、九〇年代と時間を追って増えてきた。バスク三県の県都名についてみると、サンセバスティアンがドノスティア、ビトリアがガステイツ、ビルバオがビルボ、そしてナバラ県都はローマ帝国皇帝（ポンペイウス）の名前に由来するパンプローナ（旧名ポンペヨポリス）がイルーニャとなる。併記されているはずのスペイン語表記の道路標識は×印がついている場合もある。バスクはスペイン全体に占める面積の割合、人口の割合ともに小さい。小さい「くに」であるゆえに、大きなものに組み込まれないための強い自己主張があり、工夫があってもよいが、ここまでくると、外部の人々にとっては不利益となる。

ジャーナリストで作家のグレゴリオ・モランは、バスク問題をテーマに取り上げるとき、バスク人以外の人々がバスクについてあまり知らなかった事実に言及する。彼は、バスクのプラス・マイナスの脅威を知らされることによって、バスクへの反発が強まったという。確かに私の体験からも、一九六〇年代から七〇年代初めまで、バスクがスペイン経済の牽引役であったころに出稼ぎにいった人々に会うと、悪くいう人は稀であった。もちろんバスクの「奇妙な」風習を面白おかしくいうことはあっても、自分の経済基盤の基礎をつくってくれた場所をむしろ懐かしんでいた。故郷と出稼ぎ先のバスクとは、二〇世紀全般を通じて経済、生活水準において格段の差があったのは事実である。バスクは善悪含めて憧れの地でもあった。

そのバスクにおいては、天才なり、異才なりも登場するが、集団として受け継いできたことが、後の時代に個人に体現されることがある。歴史に名を残したバスク人の活躍をみると、その秀《ひい》でた技術なり技なりが集団において受け継がれたこと、あえていうならば、習慣の一つとなったものを個人が体現する。フランシスコ・ザビエルが日本でキリスト教を布教した際に、領主（大名）など支配階級だけではなく、領民（民衆）にも同じく接したことが話題になるが、ザビエルは幼少時から集団、コミュニティーの中で育ったために、個人のみならず、構成員全体を布教の対象とすることが当たり前の行為であった。祭りが伝統的なものであろうが、宗教がらみのものであろうが、全住民参加が原則となる。祭りも宗教も、先天的に民族なり地域社会が受け継いできた因習や習慣の一つであると、バスクの場合にはいえるのではないか。

バスク・コミュニティーは個性的であるがゆえに人々をひきつけ、その人々を取り込んで進んできた。先の捕鯨技術のようにバスクの知恵はバスクのものだけでなく、スペイン全体、いやヨーロッパ、アメリカなどを含めた世界の知恵ともなっている。バスクの知恵が拡がり普遍化される中で、バスク起源と思われていないものにバスクを「発見」することがある。なぜそうなったのかという「謎」を追うことから、バスクのバスクたるゆえんもわかってくる。小国でありながら、大国を動かす知恵もその中にはある。小さくとも無視できない「小国」がバスクである。

第1章

バスク人とはなにか

典型的なバスク人像。第一次カルリスタ戦争の総司令官スマラカレギの肖像画

一　バスクの概観

バスクというモザイク

バスクとはなにか？　ヨーロッパがそうであるようにスペイン一国も内部は諸々の民族集団が存在するモザイク状態であり、小さな「くに」バスクも同様である。そこでバスク・イメージをより明確にするために、本論に入る前にあらかじめバスクの全体像について概略を示しておこう。

まずバスクの地理的位置から述べよう。ピレネー山脈のフランス側とスペイン側に「バスク」の領域があり、現在の行政表記に従えばフランスではピレネー・アトランティック県の一部であり、スペインではバスク自治州（エウスカディ）とナバラ自治州がその領域となる。歴史的には、フランスのラブール、バス・ナヴァール（低ナバラ）、スールの三つの旧地方、スペインのギプスコア、ビスカヤ、アラバ、ナバラの四つの地方、それぞれ同じ県名の四県に対応する。現在は初めの三県がバスク自治州、ナバラ一県がナバラ自治州を形成し、北バスク（フランスバスク）はイパラルデア（Iparraldea）、南バスクはエウスカディ（Euskadi、アラバ＝Araba、ビスカイヤ＝Bizkaia、ギプスコア＝Gipuzkoa）とナファロア（Nafarroa）とそれぞれバスク語では表記される。もちろんスペイン語の呼称も公認されている。ナバラ自治州政府はバスク語を公用語として採用していないので、ナファロアよりはナバラと呼ぶのが正当であろう。

行政区分から割り出した「バスク」は以上だが、これらの地域に多く居住するバスク人は自らの領域をエウスカレリア（Euskal Herria）と呼ぶ。後述するが、バスク人がバスク人である根拠にする自らの言語（バスク語エウスカラ）が全域にほぼ共通することから、バスク語を話す（バスク）人が居住する故地をエウスカレリアと呼んでなれ親しんできた。政治・行政的な用語として使われるエウスカディと伝統習慣のなかで使用されてきたエウスカレリアとは本来別の意味をもつが、あえて訳せば双方とも「バスク」となる。スペイン語（カスティーリャ語）で訳せば、ともに「パイース・バスコ（País Vasco）」と表記され、バスク内部の事情通でなければ、一般に双方の区別は難しい。双方の意味が混在していることがバスク理解に混乱を生じる。ましてバスク語はバスク地域内部のみで使用され、言語系統が他のスペインの使用言語と異なるために、門外漢には類推することすら難しい。

バスク語が孤立した、起源不明な古い言語であるがゆえに、その使用地域エウスカレリアが周辺地域とは隔絶し孤立した「古い」社会であるとの印象を与えたり、原始的（プリミティブ）で野蛮な社会であったとイメージしたりする傾向がある。確かに地理的に孤立した地域も存在するが、エウスカレリアが一つとあえて考えることができるのは言語の相対的な共通性によるだけで、個々の地方は独自な歴史を展開し、周辺地域のみならず、外部世界とはむしろ積極的に交流していた。歴史をひも解き、あれもバスク、これもバスクとわかるようになると、イメージと実体の違いは明白となろう。

西ヨーロッパに色濃く残る、ラジカルなナショナリズムというイメージは現在、バスクの代名詞となってしまった。「古い」、孤立した社会が民族的な復権を求めて戦う姿がバスク・イメージとして取り込まれるが、その背景はスペイン国内でもバスク人内部においても正しく理解されていない。

人気のスペイン・サッカー・リーグ（リーガ・エスパニョーラ）において、バスク人のみで戦うチームがある。リーグ優勝八回を誇り、リーグ発足以降、トップの一部から転落したことのない名門アスレティック・ビルバオ（Athletic Club Bilbao）は創設一〇五年を迎え、現在もバスク以外のスペイン人すら加わらないチームである。その「アトレティック」（サッカー発祥のイギリスから直接にいち早く伝来したことからクラブ名は英語表記、しかし地元のファンはスペイン語風にアトレティックと呼ぶ）は、こともあろうに近年スペイン人だけのサッカー・チームと国内外に紹介されている。優秀な外国人選手を招く傾向はあったが、さらにヨーロッパ連合の成立以来、人の交流が盛んになり、域内のヨーロッパ市民を「外人」とみなさない規定に乗じて、レアル・マドリードをはじめとするライバル・チームでは「外人助っ人」の起用が顕著になった。アスレティック・ビルバオの創立以来の一貫した姿勢はバスク民族意識の過剰な発露と受け取られる一方で、このようなヨーロッパのサッカー事情からスペイン人だけの唯一のチームと受け取られてしまったのだ。

バスク「人種」といえどもスペイン「国民」であり、スペイン人といえる。そのバスク「人」がスペイン「人」で構成するスペインに「独立」を求めているというイメージと、スペイン「人」だけのバスクのサッカー・クラブの存在は事情がわからないとなかなか合点がつかない。バスク側から見れば、スペインが変わってしまったのであり、バスクからは他チームにも優秀な選手を送り出している、昔からなにも変わっていないし、変える必要もない、となる。

このサッカー・チームの例が示すように、多様化するスペインと民族を前面に出した一元支配（極言すれば「民族浄化」）を固持するバスクという、今日の地域紛争の構図にフレームアップするのも短絡的である。バスク社会は伝統的に「多様」であり、スペインに多くの人材を供給し、小さな地域（「くに」）でありながらスペインを構成する有力な一員であり続けていることも事実なのだ。この事実を明らかにすることが、バスクの本質を理解し、紛争の根源にある「偏屈で異常な」側面をあぶり出すことにもなろう。

バスク民族運動

今日、「ナショナリズム」というキーワードがバスク社会を理解する要《かなめ》にある。ナショナリズムの言葉の元になる「ネイション（スペイン語ではナシオン）」の理念がスペインにもたらされたのは一九世紀初めであり、バスク人自らがこれを意識したのはその世紀末の民族運動勃興からである。その時に民族運動創始者が構想する新しいバスクを「エウスカディ」と表記した。前述したように、ともに「バスク」を意味する二つの用語（エウスカレリアとエウスカディ）は以後、絡み合って並存し、その境界はますます混沌とする。

バスク民族運動の創始者サビーノ・アラナは、自らが造語した「エウスカディはバスク人（los vascos）の祖国（patria パトリア）である」と定義した。彼は「ネイション」ではなく、「パトリア（父祖の地、祖国）」の語を初めは用いていた。ラテン語に語源を持つこの用語は英語には同意の単語がないが、ペイトリオット（patriot 愛国者）、ペイトリオティズム（patriotism 愛国心）に派生する。彼の初期の著作には牧歌的なファーザーランド（fatherland）とさえ思えるエウスカディ像がある。その後、運動が進展する中で彼および彼の民族運動後継者たちは、ヨーロッパ内外の世界に展開する民族運動と同質のものとし、バスク「民族〔ネイション〕」の国家が「エウスカディ」であると考えるようになり、今日に至っている。

また彼はバスクの地方特権（fueros フエロス　地方特殊法）の復活を主張していた。バスクの伝統的な政治社会は「フエロス」を基盤に形成され、地方ごとに独自な行政が展開されていた。バスク全域は、これらの個々の行政体の緩やかな「自由」な連合の中にとらえることができた。この古来、固持されてきた独自な政治社会体制を、一九世紀後半のスペイン中央権力は「均一な統合体」に編入してしまい、学校教育にはスペイン語使用を義務化した。さらにバスク社会が産業革命によって外からの労働力の大量流入により劇的に変化した。このような背景のなかで、一九世紀末に開始されたバスク民族運動は、昔の「自由」なバスクにアイデンティティの根源を求めて、民族（＝血）の復権を訴えた。

アラナは当初から、バスク復権の重要な手段としてバスク語の復活に言及していた。バスク語そのものが民族の伝統を継承する基本要因の一つとし、言語が民族的な要素を包括することに着目した。今日では、さらに「統一（共通）バスク語」の導入によって各地に存在するバスク語諸方言をまとめるとともに、バスク語領域を統合する発想に結びついている。民族言語が新しく衣替えし、新規な解釈や適用が工夫される。近年そのバスク語教育が公立学校に導入されて、半義務化された。このような民族言語への対応にみられるように、バスク民族運動は伝統の復権のみではなく、対象への新解釈や新規な提案によって、新たなバスク「統合」を試行する政治活動と連動してきたのである。

このように古いものを生かして現状の突破口にする試みは、現代に限らず歴史上にもバスク人が生かしてきた民族の知恵であり、未来を切り開く視点でもあった。伝統重視の古いものと新しさを追い求める両面が取り上げられてこそ、バスク社会の本質が理解できるのである。本書では、古くて新しいバスク像を提示することになろう。

二　バスク人種

バスク人は自らの領域を「エウスカレリア」と呼び、自らを「バスク語エウスカラ(euskara)を話す人」＝エウスカルドゥン euskaldun の複数形エウスカルドゥナック euskaldunak、つまり「バスク語を話す人々」と呼んできた。これらの音は、一般に耳にする「バスク Vasco、Basque」の「バ」音で始まるラテン語を基にするものとはかなりの隔たりがある。「エウスカレリア」と「バスク」に続いて、現行憲法で使用されているバスク自治州を指す「エウスカディ Euskadi」がある。これは、一九世紀末民族運動が勃興した際に、古語から抽出した「エウスコ euzko（太陽の子孫）」の国家を意味する「エウスカディ」という造語に由来する。

ラテン語で「山が多いところ」を意味するバスコンガダス Vascongadas、バスコニア Vasconia、もともとフランス語（Paye basque《ペイバスク》）のバスク「国《ペイ》」がスペイン語になったパイース・バスコ País vasco、バスク人の意味であるバスコネス vascones、バスク語の意味であるバスクエンセ vascuense などの呼称は、領域外から付けられた命名である。地中海人種であるローマ人の言語で、「バ」で始まるものは山岳に関係した言葉だが、「バスク」をそのようなものと受け取ったのである。一方、エウスカレリアとエウスカディは内部からの呼称といえる。

繰り返すが、バスク語を話す人々がバスク人であり、その領域がバスクの地（エウスカレリア）であると自らが物語るように、バスクとはなにかを知るためには、言語が原点のひとつにあることがわかる。しかし、そのバスク語の起源をたどろうとすると、「言語的孤島」という分類用語に行き着き、周辺に同類の言語を見つけることができない。バスク人の起源は、「原ヨーロッパ人」ともてはやされる「ケルト族」よりも古く、現人類の大本である現生人類クロマニヨンの直系の子孫である、とまことしやかに語られたりする。

バスク人はインド・ヨーロッパ語族が到着する以前から現在の位置を中心に居住していた。バスク地方で発見された旧石器〜新石器時代の化石や人骨から、バスク人はピレネー山脈周辺に居住していた現生人類クロマニヨン人を祖先とする集団であるという仮説が断定的に論じられている。「古い、古い」が「最も古い」に固定してしまったのであろうか。

また血液、骨格などから判断して、バスクの一部アラバ地方の半分以上の住民はより南方に類型をもつ地中海人種に属する、といわれている。つまりバスク地方南部は隣接する部分からおおいに影響を受けているとされ、そのために半バスク、半カスティーリャともされるほどなのだ。この地をバスクに含めると、種族が孤立して維持されてきたとする観点に基づいてバスクの均一性を主張するのは難しくなる。そこでバスクの種族についてのデータは、その多くが海岸部にあるビスカヤとギプスコア両地方が中心になっていることをあらかじめ知っておく必要がある。一般に「バスク人は」と出てくるときは、この両地方の人々を指す場合が多く、後述するように両地方はバスク「度」が高い。

人類学の立場から、バスク人の特徴的な顔相は、鼻の長い中頭、額はこめかみの部分が広く下あごに向かって狭くなる（少し長めの逆二等辺三角形）といわれるが、それはある程度、特徴をいいあてている。そこで登場するのが血液型判定である。その血液型判定の資料は、一九四七年からフランス人ピエール・ジャウルギベリーが研究発表したものを、ホセ・ミゲール・デ・バランディアランが五〇年代にスペインで公刊したものによる。調査年が少し古いが、この雛形が数値の若干の違いはあっても引用されてきた。バスク人の固有性を際立《きわだ》たせる証拠としては、十分なデータであろう。

表3をみると、バスクではO型がヨーロッパとスペインの平均よりも多い。スペイン全体（バスクを除く）は四〇・〇パーセントであるのに対して、バスクは五五・〇パーセントになる。A型はスペインでは最も高く四六・五パーセントであるのに対して、バスクは四〇・五パーセント、バスク内の地方によっては三二パーセントと、少ないところがある。B型はバスクが最も低く三・〇パーセント、フランス全体一〇・五パーセント、スペイン全体九・〇パーセントであり、血液型分類によってもバスク人の独自性が際立っている。

この種の調査（ABO分類）は、一九三七年におけるサンセバスティアンの二二九名のサンプルから始まり、調査が進むごとにサンプル数は四〇〇〇を超えた。ナバラも含むバスク全域のみならず、アルゼンチン、チリ、アメリカ合衆国に居住するバスク人のサンプルも加わった。繰り返し利用されているデータは、上記のもの（傾向）が基にある。

Rh－《マイナス》型は全世界のデータによれば少数であり、ヨーロッパでも同様だが、バスクと地中海・アルプス人の居住地域はその比率が高い。

紀元前後のイベリア半島について、ローマ時代の歴史・地理学者ストラボンの『地理

表3　血液型調査（1940—50年代）

ABO分類　　（単位＝%）

	バスク人	スペイン人	フランス人
O型	55.0（57.2）	40.0（39.0）	43.0（43.3）
A型	40.5（41.7）	46.5（47.7）	42.0（42.2）
B型	3.0（ 1.1）	9.0（ 8.9）	10.5（11.1）
AB型	1.5（ 0.0）	4.5（ 4.4）	4.5（ 4.4）

注―（　）内の数値はジャウルギベリー調査のもの

Rh分類　　（単位＝%）

	バスク人	地中海・アルプス人
Rh＋（プラス）	27	14 ～ 19
Rh－（マイナス）	73	81 ～ 86

注―Rh－は全世界では少数だが、上記の地域では多い。Harischelhar, J. : Ser vasco と Sarraílh de Ihartza, F. : La nueva vasconia による

誌』が引用される。ストラボンが作成した図（次頁）から、現在のバスク領域にあたる部分には、カリスティイ（Caristii　ビスカヤ、アラバの一部）、ヴァルドゥリ（Varduli　ギプスコア、アラバの一部）、ヴァスコネス（Vascones　ナバラ、アラゴン北部、ウエスカの一部、アラバ東部）、ベロネス（Berones　アラバ）、アウトリゴネス（Autrigones　アラバからカンタブリア海沿岸部）などの名称が見られる。

この図は、バスク地方における最初の勢力分布を示し、古代のバスク地方には複数の種族が存在したことも伝えている。西端のカンタブリアからアウトリゴネス、カリストス、バルドロス、バスコネスの各種族が東に広がり、内陸の南端にベロネスが位置する。現在のナバラを含むバスク四県の間の違いは、地

ストラボンの地図（略図）

図の種族の分布状況からも明確である。先の血液型調査、顔相の特徴からわれわれがバスク人とみなす、つまり「バスクらしい」と一般的に受け取られているバスクの純粋な要素を最も多く伝えているものは、現在のギプスコアあたりにあるといわれるが、その位置は地理的に古代バスク地方の最も内側にあることがわかる。ナバラは今日の領域よりも広く、またその人類学的な特徴について前記したアラバの大半は、多分にバスクに隣接する地域にある、といってもよい。後述するバスク語の共通性は指摘できるが、バスクは種族、その各領域からみると一枚岩ではない。

　古代の各地方の勢力図に血液型分類の結果を重ね合わせてみると、「バスク度」の高低が推し量れるが、しかし近現代になると移出入人口の増減によって調査結果が変動する。一九七〇年代の研究では、O型、Rh－の比率の数値が以前より低くなっているものの、その傾向には変わりがない。調査の年や場所によって変動があるにもかかわらず、得られた数値は全体的に平均すると従来通りの結果となることから、表3が引用されてきた。そこでバスク人の特徴は総じてヨーロッパ人に多いB型が極端に少なく、O型、Rh－型が多いとなる。それゆえにバスクは独特だ、という「定説」が流布した。

さらに一九三六年、フランス国境に近いピレネー山脈中にあるギプスコア県のイツィアルにあるウルティアガ遺跡で発見された頭蓋骨は、南西ヨーロッパに多く居住していたクロマニヨン人の特徴と類似する、あるいはその進化した形とみられており、「バスク人種」の存在が論議された。

今日ではバスク周辺に位置する世界的に有名なアルタミラやラスコーの洞窟壁画同様に、サンティマミニェ（ビスカヤ県）やエカイン（ギプスコア県）のそれらが、旧石器時代後期にバスク人種が定着していたことを示すものとされている。旧石器後期にはこの人種はヨーロッパに定着、隣接するアキテーヌの種族（白人）と混血したと考えられるが、バスク語の起源とともに、その前史は不明である。

バスク人の起源が古いといっても、その種族が時間を経てどのように現在まで維持されてきたのか。ピレネー山脈の山ふところにある、山間の散村や断崖絶壁に囲まれた海岸部の漁村の立地などの自然条件から、バスクの集落は昔のままの姿で孤立してきたとのイメージがある。しかし、その先入観は払拭しなければならない。それぞれの地は決して孤立していたわけではないことは、後述する歴史が物語っている。たとえば、一〇世紀に始まるピレネー越えのサンティアゴ巡礼は地上のみならず海からも行われ、人も物も文化も行き来して、記録も残された。最も通行が多い陸路のカスティーリャ（フランス）・ルートと呼ばれる巡路には、バスク地方内にあるにもかかわらず、もともとのバスク名よりもカスティーリャ語起源の地名の方が通りがよいところがある。バスクの中には、交流の場となったところがあり、古いものが変わらず残ったとは一概にはいえない。

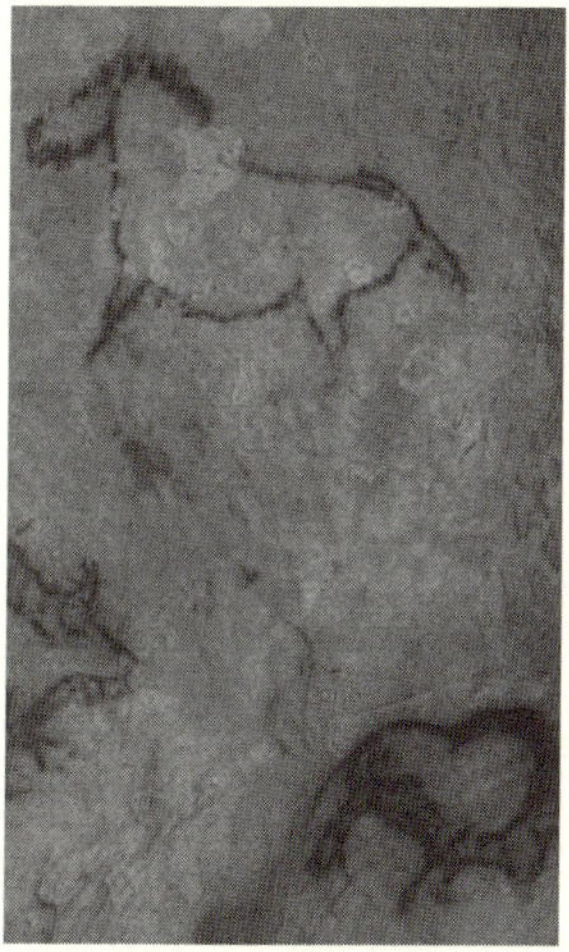

旧石器時代にバスク人種が描いたサンティマミニェの洞窟壁画

三　バスク語

「七が一」の標語が意味するもの

繰り返し述べるように、バスク地域内での多様性を包括的にまとめて独自性を「証明」する要因に、バスク語がある。バスク・ナショナリズムの特色は、この言語（文化）を基盤に形成されており、将来もこの基本軸は変わらないといえる。バスク人は自らを「バスク語を話す人々（エウスカルドゥナク）」と自己規定した。

バスク語は、八方言（ビスカヤ、ギプスコア、高ナバラ・北、高ナバラ・南、低ナバラ・西、低ナバラ・東、ラブール、スールの各方言）、あるいは高ナバラ・北、南を一つにナバラ方言、低ナバラ・西、東を一つに低ナバラ方言とすると、六方言に分かれていた。その方言分布はほぼ先に述べた地方単位に一致し、スペイン側四地方（ビスカヤ、ギプスコア、アラバ、ナバラ）、フランス側三地方（ラブール、バス・ナヴァール＝低ナバラ、スール）の区分に合致する。

バスク語・8方言の分布とその使用者の割合(1970年)

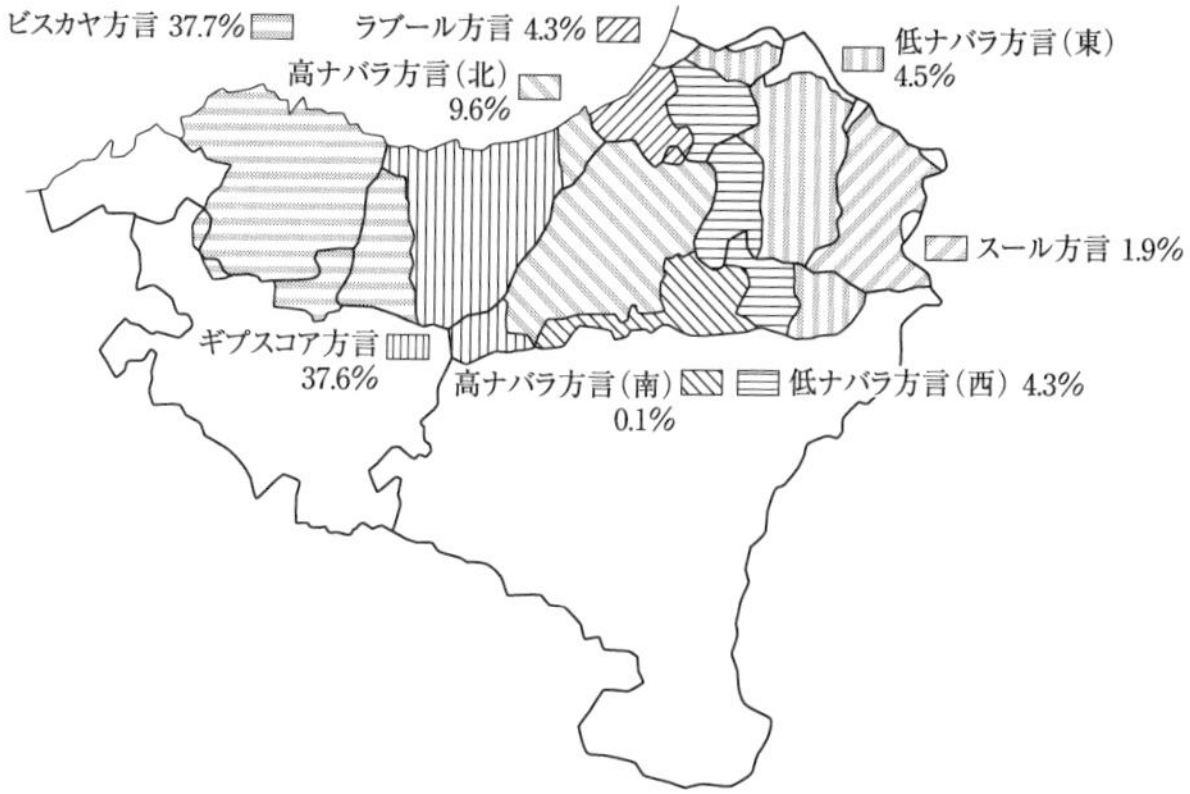

バスク語の分布(1世紀から20世紀まで)

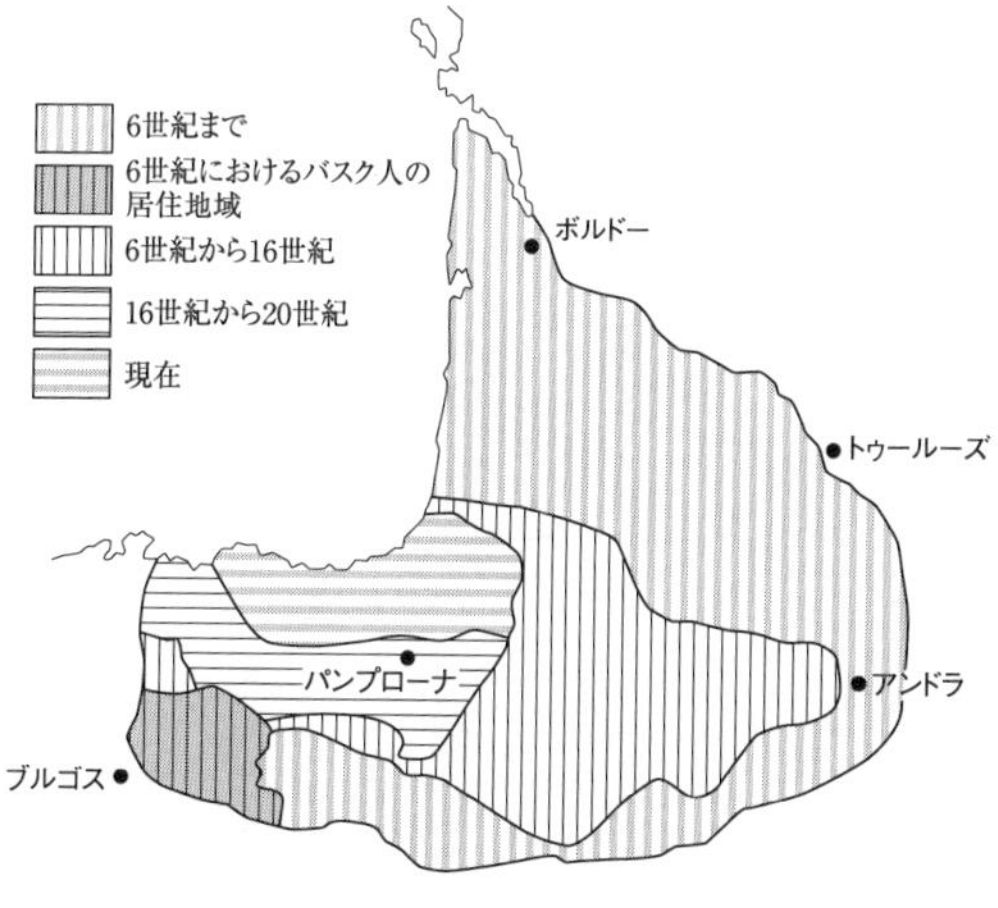

注—渡部哲郎『バスク　もう一つのスペイン』より

「バスクは一体」を表す標語「サスピアク・バト（Zazpiak Bat）」とは、「七（四＋三＝七）が一」の意味であり、バスク領域がバスク語で一体となっていることを唱えてきた。この標語はバスク民族運動にとって言語の重要性を示唆している。

バスクの集落はピレネー山麓とその合間にある渓谷、また断崖を背にしたビスケー湾の入江に点在しており、方言の分布は集落の配置とほぼ一致している。話している言語がそれぞれのバスク人のアイデンティティの基因であり、それは土地との強い関連性があった。その証拠に、われわれはバスクの人々をバスク人と総称するが、実際にはビスカヤ人、ギプスコア人、アラバ人、ナバラ人……、であり、現在でも生地名、居住する地域名でそれぞれに区分して呼びあう。バスク内部における「違い」「多様性」は昔から明確であった。

そのうえにバスクが独自性を保ったのは、歴史的にみれば古代ローマ帝国による占領がなかったことにもよる。ローマ帝国が地中海方面からイベリア半島全域に侵入、そこを占領し属州として統治した結果、イベリアは一つの言語（ラテン語）、一つの宗教（キリスト教）、一つの法（ローマ法）にまとまった。しかし、ローマ帝国は現在のナバラ州の州都パンプローナに前線基地を建設したあと、その先、バスクまでは進駐しなかった。また、ヨーロッパ・アルプスを越えてガリア（現在のフランス）に進軍したローマの将軍カエサルも、ピレネー山脈までは至らなかった。バスクはローマ帝国の軍門に下ることなく、太古以来の伝統（民族、言語、文化）を保持した、といわれるゆえんがここにある。

ローマの影響下にあった地中海周辺の地域やイベリア半島内の各地域は、その後、ラテン語を母語とするロマンス語系言語を使用することになるが、バスクにはラテン語に影響されない言語が残り、今日まで続いていることになる。そこでバスク語は「言語的孤島」、つまりケルト系、ロマンス語系言語の侵入以前の言語である、とする説が成り立つ。これらの言語集団がヨーロッパ大陸に侵入する以前、東のコーカサスから西のイベリア半島まではユーラシア言語体を形成していて、バスク語がコーカサスの諸語と共通する言語構造を持つと指摘されるが、隣接する共通言語がなく、「孤島」はその起源、伝来の謎を深めることになった。

スペインを代表する歴史・言語学者メネンデス・ピダルは二〇世紀初め、スペイン語の起源を研究する中で、バスク語はイベロ語（アフリカからイベリア半島に渡来し、現在のスペイン人の起源の一つとなるイベロ人の言語）が派生したものと位置づけた。両者には共通する語が地名などに残っている。この仮説に反対して、バスク語研究者たちはバスク語の文法構造の独自性、他言語が入り込む以前の存在を唱え、前述の「言語的孤島」論に落ち着いた。その研究の素地となったのは、一九世紀初めドイツの博物家フンボルトがバスク地方を現地調査したことから得た結論にあった。しかし、これらのバスク語起源をめぐる論も仮説にすぎない。

文字の記録を残さなかった口承言語であるバスク語は、表記の上でラテン語のアルファベットに頼らざるを得なかった。そのためにバスク語は隣接する言語の影響を強く受けるようになった。特にラテン語とそこから派生したロマンス語系言語からの借用語がバスク語に多く残っている。現在最も敬虔なカトリック信仰を保持するバスクでは、信仰の用語はラテン語が土台にならざるを得ないのである。カトリック教徒（ラテン語 catholicus）はバスク語でカトリコ（katoliko）、十字架クルス（同 cruz）はクルツェ（kurutze）、ミサ（同 missa）はメサ（meza）と音の通りに表記した。近代以降においても、政治がポリティカ（politika）、科学がシエンツィア（zientzia）と同様な借用がみられる。

このように新しい事象やなじみのない単語はその都度、新しい言葉としてバスク語に取り入れられてきたのである。これは後述する、バスク人が外の世界へ同化していく姿に重なってくる。それは今日行われているような、独自性を強い自己主張に置き換えて外の世界に向かって戦う姿ではない。バスクの言語が外の世界においては意味不明で理解できないものとして敬遠されてきた中で、バスク人は母語にとらわれずに外の言語に同調しながら独自なものを保持してきたのである。

バスク社会は僻地を除けば、言語的には複数性を備えていた。もちろん家族内では各地域の母語を使用するにしても、同時代の他の社会に比べて、外からの情報が豊かであり、古いものを捨てない一方で、新しいものを処理・分解・融合させる能力を備えていた、といえよう。

近年の起源研究

バスクの民族派には、「孤立性」「独自性」がバスク人のある種の優位性をもたらしてきたという考え方に疑問符をつける研究結果が出されると、退けようとする頑《かたくな》な姿勢がみられる。次の研究もそうだった。近年、バスク人とバスク語の起源について、従来の血液型に加え、遺伝子情報に基づいた研究成果が発表され（アルナイス・ビジェナとアロンソ・ガルシア共著『バスク人の起源と地中海民族』、一九九八年刊）、バスク人とバスク語の謎解きがより科学的な方法を用いて試行された。

最近の遺伝子研究を取り入れたのがこの仮説の特徴である。ヒト白血球抗原であるHLA（human leucocyte antigen）は、輸血された白血球に対する抗体として発見された組織適合抗原であり、同種移植の場合の一致率を調べると、同胞者間、四、五人に一人、非血縁者間、数百万人から数万人に一人の割合であることに着目したものである。スペイン人、そのイベリア半島人の起源の一つであるイベロ人（現在のスペイン人は南のイベロ人と北のケルト人が混血したケルト・イベロ＝セティ・イベロ人が起源である）、バスク人について地中海周辺およびアフリカの諸民族との比較が進められている。

血液型からバスク人の独自性が指摘されているが、この類型は西ヨーロッパにも見られ、主張されるほど独自であるかどうかは断定できない。しかし近年の遺伝子研究によると、バスク人の遺伝子はイベリア半島に侵入してきたローマ人やアラブ人との混血による共通性はない、という。さらにＨＬＡのデータ分析から、古い北アフリカ人と現在のスペイン人、バスク人、サルディニア人の間には共通性がある可能性が指摘されている。ＨＬＡのデータ情報が伝えるところでは、バスク人とイベロ人にはエトルリア人やクレタ人に共通するものがあることを示している。イベロ人が北アフリカからジブラルタル海峡を渡り、イベリア半島に到達したことを考えれば、バスク人も北アフリカ起源と想定できる、という仮説に至るのである。

さらにバスク語についても、同書ではコンピュータ解析を利用して仮説が立てられている。現在世界中にあるおよそ五〇〇〇ある言語を一七「家族」に系統立てると、現存するバスク語はどの「家族」にも入らない。しかし、古い時代のバスク語が今日よりももっと広い範囲で使用されていたと想定して比較の一要素とすると、たとえば古代言語のイベロ・タルテソス語、エトルリア語、ミノア・クレタ語の文字解読にバスク語とスペイン語

（カスティーリャ語）を用いると可能であることが示されるのだ。バスク人がイベリア最初の民族の一部であり、北アフリカからやってきたと考えると謎が解明できる、という。また先の遺伝子研究によれば、旧石器時代の西ヨーロッパの諸民族と共通する民族（バスク人も含まれる）がイベリアにも存在し、その民族は北アフリカから地中海周辺にも共通な部分を持っていたとなる。

これらの謎はいつか解明されるであろう。遺伝子研究という新手法によって仮説を立てれば、バスクの起源はヨーロッパの北や中央アジアではなく、北アフリカ、地中海の南に求められ、その周辺に共通性が認められるようになる。したがってバスク人は典型的な地中海人の名残りであるともいえるのであるが、これも今の段階では仮説にすぎない。

第2章

バスク社会とバスク人の歴史

バスク人の生活の基礎となったカセリオ（家）

一　宗教——古代信仰とカトリック

古代のピレネーの山中や山麓の北側には、バスク民族とともにケルト民族も居住していたが、そこへローマの宗教であるキリスト教が伝播し、固有の宗教（自然信仰）と融合した。ケルト民族の支配地域には、四世紀以前には聖樹、巨石、泉水など自然の中における霊魂を崇拝対象とするドリュイド教があり、フランク王国のカール大帝が七八九年にその崇拝禁止令を布告した。しかし、その後もケルト文化の残っているところでは、信仰の融合した姿である黒いマリア像が崇拝の対象となっている。

バスクのほうでは、太陽神信仰や巨石信仰に見られるように自然に存在する物や現象に精霊が宿るとされ、それらのすべての精霊の女主人マリ（Mari）がいた。後述するように、三世紀からローマの兵士を通じてキリスト教が伝えられ、四世紀にはその布教が行われるようになり、五世紀までにはバスクの町に司教が登場した。この世紀以降に盛んになるマリア信仰の普及は、バスクの精霊マリが聖母マリアと同一視されるようになったためで、このようなスタートのおかげで、ピレネー周辺は昔も今もカトリックが熱心に信仰される地域になるのである。

古代信仰――神話の世界

バスクの古代信仰は現代においても民間信仰として息づき、生活感覚、意識の一部を形成している。そこでバスク民族の神話・伝説について紹介をしておこう。

古代信仰の対象（神々）は、天体（太陽、月、星）や自然の力（雨、雷、光、風）であった。そして、これらの信仰対象とともにバスク民族の神話・伝説を形作る「人格化された精霊たち」が登場する。

バスク神話の中心テーマは、大地（アマルル・エチェア Amalur-etxea 母なる大地と家）である。大地にある洞窟から雲や暴風が出てきて、内部には動物や人間の姿をして精霊が住んでいる。なかでもすべての精霊の女主人マリは最も知られている神で、マフー（Maju）と結婚し、二人の子、アタラビ（Atarrabi 善の精霊）とミケラツ（Mikelats 悪の精霊）がいる。精霊マリは、嘘と泥棒に罰を下し、雨を降らしたり、旱魃《かんばつ》を起こしたりする。マリは洞窟に住むが各地を移動し、アイツゴリ山中にあるアケテギやアンボト、アララル山中にあるチンドキ、アロニャ、ムルメンディなどの各地が住みかとして有名である。魔女魔人たちは動物の姿を装って活動し、わけても猫の姿でよく現れる。彼らの魔力は、夜半から鶏の鳴き声が聞こえるまでの間、効力を持った。

そのほか神話に登場する魔女魔人には次のようなものがいる。

バサジャウン（Basajaun）は森の主。人間の姿をし、強力で軽快な動きをする。狼を追い払いながら羊の群れを守る。嵐が接近すると、大声を出して牧童たちに羊の群れを退避するように知らせる。アケルベルツァ（Akerbeltz　黒い雄山羊）は穴倉地帯に住み、多くの精霊の長である。その威力は動物に及ぶことから、バスクの集合住宅（カセリオ caserio）の中には雄山羊を飼育する納屋を置く習慣がある。金曜日の夜、男女の精霊が山羊の飼育場（アケラレ　akelarre）に集い、黒雄山羊を祀ってパンや卵、お金を供する。サンセバスティアンのサン・テルモ博物館には、アケラレにおいて黒い山羊の周りに精霊たちが集っている絵画が掲げられている（次頁の図版参照）。ガゥエコ（Gaueko）は、夜の主の精霊で、夕べを知らせるアンジェラのお告げ（鐘の音）があった後に働く人間を罰する。

バスク十字（ラウブル　lauburu）は、太古の時代の太陽神信仰の名残りを形にしたものといわれている。バスク各地に見られる墓石には昔も今も円形の中に十字がデザインしてある。またバスクの紋章はこのバスク十字を図形化したもので、ペンダントなどにも用いている。バスクでは現世の生活のなかに、あの世での象徴が生きているのである。

「黒い雄山羊の周りに集まる精霊たち」
(サンセバスティアンのサン・テルモ博物館蔵)

バスク十字架。墓石に使われたものが、デザイン化
されバスク文様として広がる

キリスト教の普及

バスク民族へキリスト教が伝播したのはイベリア半島内では遅い部類に入るが、それはバスク人が山中や谷間に居住していたことが原因であった。ローマ帝国が町を中心に支配を広げ、キリスト教の伝道も同様に町から広がっていたので、農山村のバスク人にまでその手が届かなかったのである。

三世紀、バスクにおける最初のキリスト教伝道者はローマの兵士たちで、彼らは雇われたバスク人兵士にキリスト教を伝えた。やがて牧童たちがローマ人、つまりキリスト教徒と接触し、入信するようになる。その後、キリスト教伝道の隠者たちがバスク人の集落に入り込み、伝道とともにエルミタ（礼拝堂）を建立した。六世紀から七世紀に建立されたエルミタが各地に残っている。

キリスト教が伝えられた後、バスク人は古来の信仰対象の名称と信義を変えた。その最大のものが、「精霊」マリ（Mari）が「バスクの母」アンドラ・マリ（Andra Mari 母・マリ）になり、やがて「聖母」マリアと同一視されるようになったことである。今日最も知られた聖地として崇められるアララル山中のサン・ミゲール僧院とウルキオラ山中のサン・アントニオ僧院は、かつて精霊が住んだ地に建立されたものである。神話の中では、サン・アントニオ（アントン）とサン・ミゲールは精霊の女主人マリの善玉の子でもある、と伝えられている。

ウルビアの羊飼いたちは、今でもアランサスの聖母（la Virgen de Aranzazu）に雌羊を献納する昔ながらの儀式を行う。また、バスク地方のサンタクロースに譬《たと》えられる炭焼きのオレンツァロ（Olentzaro　オレンチェロともいう）は、イエスの誕生を知らせるために山を下りてくるメッセンジャーになった。クリスマスの休みに町では、オレンツァロが子供たちにお菓子をプレゼントする姿がバスクの町々で見られる。サン・ファアン（San Juan）は夏の精霊であり、火あぶりの祭りが行われ、昔の習慣が守られている。

そのほかの信義（教義）は日常生活に残っていて、上弦（三日月）のときに伐採された木は良い材木となり、下弦のときに蒔かれた小麦やトウモロコシは良い収穫をもたらす。バスク語による曜日の名には原始的な宗教に関連するものがある。たとえば、金曜日は忌日であり、かつて精霊（魔女）たちが集まった日であった。土曜日（ラルンバト　larun-bat）は「獣脂の日」、現代風には「ベーコンの日」である。古代のバスク人が供えた動物から脂肪部分（ベーコンなど）がふるまわれ、ごちそうを食べる日だったのであろう。

教会、エルミタ、僧院、修道院（托鉢修道会）がある場所は、バスク人の信仰が過去とつながっていることの証でもある。人里離れた修道院はキリスト教諸王たちが建立に関わったものが多いが、町や村の教会やエルミタの前庭はバスク人が信徒の集まりなどの集会に使用した。教会は信仰の場だけでなく、町や村の取り決め、コミュニケーションの場であった。

バスク人による日常的な信仰の中心であり、聖なる意味を持つのは、集合住宅であるカセリオであり、その家屋内は精霊たちの悪行から人々が守られる、と考えられた。カセリオの起源は羊飼いが山中に建てた掘っ建て小屋（チャボラ）に由来した。どんな家屋でも窓はいつも太陽に向いていて、天井は傾斜させ、石と材木を建材として作られている。台所は家の中で最も広い部屋であり、家族生活の中心と考えられた。

カセリオは住の中心であり、木工・工芸の仕事部屋ともなる。そこで作った木製の櫃《ひつ》（クチャ）はパンや衣類を保管する。その外形の板や木の幹をそのまま使った脚の表面には、伝説から題材をとった文様や絵柄を刻み込んだ。バスク文様を彫り込んだ木工品は今でも利用され、アメリカなど海外へ移民する人々はその技術を持ち込み、かの地でも同じものを製造してきた。

バスクに限らず、キリスト教世界において宗教が生活に取り入れられたものに守護聖人崇拝があるが、これも異教的な伝統をキリスト教信仰に取り込むのに成功した例といわれる。誕生から死まで人生の節目の儀式、農耕などの労働、病気治癒祈願などの儀礼、町や職業団体の守護など、それぞれに役目をもった守護聖人がいて、祝祭に登場する。このように、バスク人の中では神話や宗教が生活習慣の一部になっているのである。

後述するサンティアゴ、つまり聖ヤコブはキリスト教スペインの守護聖人であり、巡礼、交易、農耕の守護聖人で、毎年七月二五日の祝祭の日には麦の刈り入れの開始を告げる。ナバラの州都パンプローナの守護聖人はサンフェルミンで、七月七日に始まる牛追い祭りで有名になったサンフェルミンの祭りは、当地で生まれアミアンの司教になった聖人を祭るもの、また、サン・フアン（聖ヨセフ）の日三月一九日は手仕事職人の祭日、といった具合である。村や町、職業ごとに守護聖人が存在し、祭礼となる。それぞれ近隣同士が集って祝うのは、普段の軋轢や摩擦を解消する役割があり、住民相互の知恵でもあった。

サンティアゴ巡礼と「異民族」のバスク人観

中世ヨーロッパのキリスト教徒の間では、遠いイェルサレムやローマではない身近な巡礼地として、ピレネーを越えてイベリア半島西端のサンティアゴ・デ・コンポステラへ向かう巡礼が一〇世紀から盛んになった。そのためにピレネーの北からキリスト教そのもの、またその文化、人と物が大量に行き来するようになった。ピレネーの南ではイスラム教徒と戦うレコンキスタ（国土回復戦争）が熾烈になっていたが、サンティアゴ巡礼は半島北部のキリスト教世界に物心両面から多大な支援をすることにもつながった。その基点であるピレネー山中と山麓の多くがバスク人の居住地域であり、最盛期となった一一世紀には年間五〇万人が巡礼に参加した。

この巡礼路はピレネーを越えてまずナバラ、バスクの両地方に入ってくる。巡礼者の記録には、ナバラ人（ナバリ＝Navarri）とバスク人（バスクリ＝Bascli）を区別しているが、内容からしてほぼ同一な民族集団を描写している。巡礼が盛んに行われた時代のバスクがどのような状況であったのかをこの記述は詳細に物語っており、さらにバスク人がどのように紹介されたかということが、以後のバスク人観にも影響していくのである。

中世ヨーロッパにおいて、ピレネー山中に住む「異民族」は野蛮な民と紹介される一方で、そこは食料豊かな地で、住む人々は親切であるともみなされていた。前者の見方はまず中世最大の叙事詩『ローランの歌』に基づくものである。これは中世フランス最古の武勲詩であり、一一世紀半ばより口誦詩として広がった。フランク王国カール大帝はイスラム教徒をピレネーの南に追い払うために遠征を繰り返し、その甥ローランは遠征途中のピレネー山中で野蛮人に殺された。これにより野蛮人＝バスク人という、バスクのイメージが流布することになった。巡礼者の記録には、法的に免除されているはずの通行税を徴収して巡礼者を食い物にするバスク人が登場した。また一方、巡礼たちが険しいピレネーの頂を越えると、普段に食べていたパンと違って柔らかなパンと美味しい牛乳が飲める豊かな地に到達し、親切な介護を受ける、と記述された記録もあった。どちらもバスクのことに違いないのだが。

一二世紀のバスクとその周辺は案内書『巡礼の案内』の中で次のように伝えられた。

「（バスクに隣接する）ガスコーニュの国にいる。ここは森と牧場、清らかな流れと泉に蔽《おお》われた国で、白いパンも豊か、紅い酒の味もすぐれている。住民は軽佻浮薄、饒舌で戯れを好む。……たえず金銭に窮している。さりながら、戦いに鍛えられ、また貧者をもてなすことといちじるしい。……」

「谷を下れば、すなわちナバラの国。パンも酒も乳も家畜も、何一つ欠けるものとてない。ナバラの民はバスク人に似、食物、衣服、さては言葉まで同じである。」（渡邊昌美『巡礼の道』、中公新書、一九八〇年。同氏の邦訳から引用）

「（ビスカヤは）草が生え、山がちな土地、パンやブドウ酒や力になる食べ物はまずい。しかしながらリンゴ、リンゴ酒、牛乳は調達できる。住民の素性は不実、見栄っ張り、堕落していて乱暴な力の使い手、悪徳と不正を身に着けている。」（エムリ・ピコー『巡礼の案内』拙訳）

サンティアゴ（聖ヤコブ）はキリストの十二使徒のひとりである。巡礼の発端は、九世紀初頭にイベリア半島の西端サンティアゴ・デ・コンポステラにおいてサンティアゴの遺骸が発見されたことに始まる。初めは、フランスのクリュニー修道院(ベネディクト会)が巡礼を組織し、その後イベリア側でも騎士団や修道会が道中の安全を守った。彫刻のある「石塚」が道標として巡礼者を導き、病院や施療院が彼らを励まし、治療した。

巡礼者は、フランスのポワトゥー地方パルトゥネ・ル・ヴューの修道士エムリ・ピコーが著した案内書によって各地の風土 住民、風俗を知り、順路周辺にも足を延ばし、教会などを拝観した。巡礼者たちの喜捨が町を潤したのである。順路の沿道には宿駅ができ、旅籠《はたご》、商店、鍛冶屋が並び、「大通り(マヨール通り)」ができ、その周辺にも集落が広がった。農村が町になり、都市になる。なかにはフランス人やユダヤ人が住み着いた町も登場した。

たとえば、ナバラ地方エステーリャ(バスク名、リサラ)の町は宿場として発達し、多くの外国人が定住した。町は一〇七六年、ナバラ王から特権を得て住民税を免除され、施療院も設置された(その一つサン・ラサロ施療院はハンセン病専門治療院となった)。多様な文化が町を繁栄させ、一二世紀には一時、ナバラ王国の首都にもなった。

二　家と慣習――カセリオ

バスク社会の基盤

　フランスの社会学者H・ルフェーヴルは著書『太陽と十字架』（邦訳版、松原雅典訳、未来社、一九七三年）で「ピレネー山脈においては、国境というのは政治的、法律的な虚構である」と述べている。この山脈の東西に位置するバスク人とカタルーニャ人は社会的政治的な統一体とはいえないが、これに対してピレネー山脈の南北の住民は互いに類似している、とさらにいう。

　羊が羊飼いといっしょに、あるものは牧草を、またあるものは泉を求めて国境線を越えて足を踏み入れるが、谷間の村々の間には古い取り決め（慣習）がある。ピエール・サン・マルタン峠においては、南斜面（今日のスペイン側）で牧草を食べさせてもらう代わりに、北側（フランス）の住民は三頭の雌牛を貢納した。この儀式は今でも行われている。ロンカルの谷においても同様な取り決めがあり、儀式を行った。ここには国境問題はない。

伝統的な取り決めや慣習が生きている世界である。

バスクの特徴は、大都市から町、村、さらに家（カセリオ）に至るまで、バスク独特の社会的な規範が色濃く刻み込まれていることにある。人類学者フリオ・カロ・バロハはバスク人の性格として、深い信心に加えて祖先礼賛にまで至る伝統への親愛の情をあげている。

またバロハはバスク文学には想像力と詩的な感情が欠けている、とも指摘する。バスク人は宗教的な神秘主義にあまり関心を持たず、その道徳性（モラル）は観念的な道徳や宗教の原理よりも家族やコミュニティーの利益に基盤を置き、現実に立脚した道徳観にある。すなわち家の重みが宗教を凌ぐ存在であったのである。

バスク人はほかに類似するものがない「孤立」した言語を話すことから、「孤立した」社会集団とされ、その典型的な生活様式が牧畜であるとされた。羊飼いの生活によって「孤独」な独立心が身に備わってきたというのである。このようにバスクの特徴が語られ、バスクの一体化、均一化に役立ってきたのだが、先の指摘を待つまでもなく、これらの「孤立」「孤独」に込められたバスク人に対する既成概念は、ある面で虚構であったともいえるのである。

バスク人が拠って立つ基盤は多様であるが、社会的な役割を持つ家に道徳観や規範が関連づけられた。バスクの典型的な集合家屋「カセリオ」では、世代を超えて一族が同居する。男、女の性別に関係なく長子相続が守られ、男女が平等に扱われて周辺の隣人との共同作業が重視された。そのために強い同族・家族意識が保持され、同郷意識も強くなる。近隣の集団で合議がなされ、日々の作業のみならず政治も論じられた。このような強力なコミュニティーは、中世ヨーロッパに典型的に見られる、いわゆる封建制になじまなかったのである。

「古代信仰――神話の世界」の項でも述べたが、バスクでは古代から信仰の中心に家を置き、農作業や牧畜に精霊たちの教訓を生かして生活をしてきた。男の家主（家父長＝etxe-kojaun　家の＝etxeko　主＝jaun）と女の家主（主婦＝etxekoandre　家の＝etxeko　母＝andre）とは対等で、それぞれが役割を果たし、二人の上にいるのは主、つまり神（主＝jaun　神は　jaungoiko）のみであった。その神は、一神教であるキリスト教の神（イエス）であり、バスクの伝統の中に生き続ける「神」でもあり、現実の生活では家の主（家長、家の母）の命令が絶対であった。

家の代弁者である家主は一年ごとに交代しながら、税金徴収も請け負っていた。家には近隣に限るものの、領主的な支配権が備わっていて、家主たちにとっての自由な領域に外からの支配が及ぶことはなかった。

ピレネーの山岳地帯、バスクの山々には、半島を縦断する大河エブロ川をはじめとする河川の源流があり、峡谷、深い谷間、断崖絶壁が迫る海岸線に囲まれたバスクの地は、一ヵ所に大勢が集まって住むのには適さなかった。人々は点々と散らばる村々や海辺の漁村に居を構え、その集落の人口密度は高かった。山間部に住むバスク人は山の中腹に住居を構え、多くの山のバスクがそうであったように、彼らは牧畜に有利な牧草地を周辺に確保した。深い谷間に下りて隣町と連絡を取るよりは山頂を目指し、峠を越えて隣町へ行くほうが便利であった。このような居住形態がバスク農村部の散村イメージを高めることになった。住民が自由に動き回る山間の谷間やそこに広がる牧草地を見渡す、山の中腹に構えたカセリオは、それぞれの家紋を持って自由な身分を誇った。

また家と教会との関係をみると、村や町の教会堂でミサの際に座る座席、教会堂内にある祖先の墓、屋外にある墓地、そこに到るまでの小道もカセリオのものであった。つまりカセリオは教権も及ばぬ「自由」を保持していたことになる。

「男女平等」と「直接民主主義」

バスク社会における「男女平等」については、古代の地誌学者ストラボン以来、母系社会の特性として指摘されてきた。しかし実際には母系社会すなわち男女平等であると一概にはいえないものがある。住んでいる家屋と敷地は最初に結婚した息子か娘に譲られる。一般に第一子がこれに当たるので、長子相続ということになる。新しい夫婦を中心に祖父母―親―息子―孫のラインがつくられる。これがバスク家庭の基本となり、カセリオを相続した婿や嫁が入り込んだことにより、第二子以下は成人に達すると外に出ることになる。そしてカセリオの名の下に、その家主がすべてを相続、監督する。

先にも述べたように、相続した夫婦＝二人の家主は対等に仕事を分担して協力するので、今日的な意味からすれば女性の役割は重視されている。家の経済を守るという理由から、平等に家事に時間を割くことが男の権威を失うことになりはしないか、「貴族」の称号を持つようになってもバスクにおいては男子の家事は単なる仕事なのか等々、スペインの他の地方に比較するものがない仕事の平等がもたらす波紋は、意外なバスク人像を形作る。

近隣のカスティーリャの貴族はむしろ労働を軽視するが、バスク人にとっては労働は高貴なものであった。バスクの子供は一二歳まで母または母方の親族が保護する習慣があり、父方よりもつながりが深い。これによって母親のものの見方、現実的な見方が子供に影響を与えるようになる、といわれている。

古くから男女平等といわれているバスク社会にも例外がある。たとえば、ギプスコアでは男子が誕生すると三回鐘が鳴り、女子は二回だけ、男子の死亡で七回、女子の死亡では六回鐘が鳴るだけだ。この点では男性は溜飲を下げる、という。

また男性中心の例は、料理の世界にもみられる。スペインの有名レストランのシェフはバスク人が占めているといわれている。もちろん男性料理人である。また男性が料理する会「グルメ・クラブ（ソシエダ・ガストロノミカ）」が各地にある。バスク共同体の「講（コフラディア　cofradía）」は典型的な「男性」の集まりであり、料理や遊び（スポーツも）が男から男に口頭、手振りで伝えられる。

いずれにしても、強固な農村共同体の存在がバスクの「独自性」の基盤にある。その中心が「カセリオ（家）」であった。社会人類学者ロジャー・コリンズは「バスクが生き残ったのは頑固に抵抗した結果ではなく、その独自な社会の土台に拠ってきたからである」という。彼によれば、バスク人は古代から同じところに生活し、他のヨーロッパ人やスペイン人が移動や侵入者によって混血したのに対して不動であり、社会文化的な壁が破られることもなかったのである。この姿勢が次に述べる地方特殊法（フエロス）の遵守につながった。

カセリオがまずあり、さらに家族、その次に「隣人（アゥソア　auzoa）」がバスク社会の基本を構成する。分家、家（カセリオ）間の結婚などでさらに内向きに結びつきを強め、牧畜や牧草地の共同作業が行われ、公開の場で村のことが合議された。そこではよそ者は排除された。家主のみの「直接民主主義」であるが、バスク全体が「民主主義」の下にあったかのような錯覚もされた。

牧畜を主体とした田園生活から、バスクの生活が自給自足的である、といわれることがある。しかし、バスク人は羊飼いだけでなく、漁民や船員として海に出たり、探検者、植民者としてアメリカへ渡り、ナバラ王国やカスティーリャ王国へ仕官したりした。さまざまな物品の中にも、バスクが発祥地であり生産地であるものを、ヨーロッパやアメリカで見ることができる。バスクは「孤立」していたわけではない。

バスクは、内陸では巡礼路、海辺では外洋への出口、つまり流通の循環路に囲まれていた。したがって、「孤立、孤独、独自」などの形容詞がつく自給自足の生活様式をそのままにしている、というだけでバスクを理解することはできない。自分たちの生地であり、一族の地であるバスクへの思いは強くとも、カセリオを受け継ぐこともなく、居住スペースからはみ出した人々は外の世界に活路を求めた。ギプスコア、ビスカヤ、アラバの領主国のバスク人は周辺のナバラ王国、アラゴン王国、カスティーリャ王国へ仕官して、それぞれの王国の発展に貢献した。ナバラ王国へ仕官したイグナティウス・ロヨラ、レコンキスタを推進するアラゴン、カスティーリャの両王国に活躍するバスク人の足跡はあらゆる分野にみられたのである。

三　フエロス――地方特殊法

バスクが一体であった、という「事実」は、農村コミュニティーが強固でありながらそれぞれがバラバラであったことを考えれば、根拠がないことがわかる。さらに、バスクは個々の集団が独自に他の領域権力から独立していたのか、独自の意思によって法を作成したのか、法は外から強いられたものであったのか、バスクの法制度を扱う際に問題となるフエロス（fueros　地方特殊法）がどのような実体であったのかを明らかにしなければならない。そのことによって、隣接するカスティーリャ王権との政治的、行政的な関係が明らかになるし、フエロスの保持が独立を意味するかどうかもわかる。

レオン・カスティーリャ王アルフォンソ一〇世賢王が一三世紀半ばにフエロスを次のように定義している。「（フエロスは）個人の習慣と社会の慣習の二つのことが組み合わさったものである。（社会的）慣習が強制力を持つと、（個人の習慣も規制されて）双方は一体となる。公文書においてフエロスは、フエロス、良き習慣、慣習、とひと続きに使われる」。つまりフエロスは現行の法律と地方の習慣とが一体となっていて、王権への政治的な忠誠に対してカスティーリャ王が付与する政治的、経済的特権である。

一三世紀から一九世紀まで、中央権力はバスクの諸地域に対してこの特権を更新し続けた。すなわちバスクがスペイン北部にあり、フランス側から攻撃を受ける可能性があり、その国境《くにざかい》の防衛に「自由」を保証された地主・農民が動員されたのである。またレコンキスタにおいては領土拡張が続き、特権の付与によって人的な動員が必要にあった。

バスクの有力な家々では外部との協力に参加するかどうか、内部対立もあった。このような対立の構造に終止符を打つのに役立ったのが、フエロス付与であった。王たちは地主・農民に多くの権限を与え、授権者が域内の平穏を維持するために伝統的な規則を従来通り強いることができた。

町（ビジャ　villa）は王権に直接統括され、村（アルデア　aldea）は農村の有力家が支配した。町と村は支配系統が別々であり、ナバラ、ビスカヤ、ギプスコア、アラバそれぞれの地域が独自な政治体制を形成していたので一括はできないが、バスク全域にカスティーリャ王権が付与した特権（フォラール）体制は、特権状、議会（総集会）、代官を基盤に維持されていた。一五世紀からカスティーリャ王が与えた特権状には、地方の責任者が同意することなしにはどんな法も命令も出せないことが明記されていた。また王の代理人である代官もギプスコアとビスカヤの町の要請に従って任命され、地方の有力家の意見が反映され、議会は町や村の集会代表から構成された。議員が住民から選出されたことをみれば民主的だが、実際は有力家族が支配した。統治機構が整ったようでも、旧来の支配層はフエロスによって力を保持できたのである。

バスク地方の政治勢力の興亡を概観すると、次のようになる。

ナバラ王国は九〇五年に建国され、初めてバスク地方全域の支配を目指し、九二〇年ころにバスク地方が同王国の支配下となった。一〇一六年、ナバラ王国は南に隣接するカスティーリャ伯国(一〇三七年に王国へ昇格)と境界を画定したが、しかし一〇七六年には東隣りのアラゴン王国の統治下に入った。一一三四年、ナバラ王国はアラゴンの支配から解放されるが、一五一二年ふたたび、アラゴン王国に併合され、翌年にはカスティーリャ・アラゴン連合王国に編入され、ナバラは副王体制となった。

そのなかで、一〇三三年にビスカヤ領主は領主国として自立した。一三〇〇年にはビスカヤ領主がビルバオの町を創建し、一三三四年にカスティーリャ王がこれに特権を付与すると、ビルバオはカスティーリャの「港」として発展した。

アラバは西ゴート王国の支配下にあったが、八世紀初頭の王国の消滅後、南からのイスラムの影響もなく、アリアガの講中(コフラディア)と呼ばれる年一回の会合で四人の首長と裁判官を選出する合議制で統治されていた。一一八一年、ナバラ王がビトリアの町を創建したが、この町は、一三三二年にはカスティーリャ王が自由とフエロスを保証しカスティーリャへの従属を求め、これを受け入れた。

ギプスコアは、一二〇〇年ころカスティーリャ王国に服属していた。一三七九年にビスカヤ領主国がカスティーリャ王国に特権保持のまま併合され、一四八三年にはカスティーリャ女王イサベルがゲルニカでビスカヤの「フエロス」に宣誓した。ゲルニカの議事堂には、一四七六年、イサベルの夫で共同統治者フェルナンド五世（アラゴン王としては、フェルナンド二世）が参列した宣誓式の模様を描いた絵画が掲げられている。

このようにキリスト教諸王国のなかでカスティーリャ王国が抜きん出ていた。カスティーリャ王は、バスク地域内のナバラ王、ビスカヤ領主、ギプスコア領主などそれぞれの領内の最高の地位を兼ね、そのうえで、それぞれのフエロスに宣誓した。バスク側の各領域は、このフエロスに守られて「自治」を得た。新しい制度を受け入れながら、伝統は守られたのである。

バスク人は家屋「カセリオ」と土地を持ち、周辺の隣人との共同作業を重視して、近隣の集団との間で教会の前庭で日々の作業や政治について合議してきた。この伝統の延長に議会があり、「オークの木」の下で誓い合う。その木は自治の象徴となり、カスティーリャ王も木の下でフエロスに宣誓し、地方の慣習に口を挟まないことを宣誓した。

カスティーリャ王は各王国を併合してその首長を兼ねたが、カスティーリャ王のような一人の人物がバスク各地域の最高の地位を兼任していったことから、儀式が形式化していった。すると、王ではなく代官が、そうでなければ役人が代行するようになり、やがては書状だけが交付されることになると、「オークの木」の存在価値も薄れた。現在、「オークの木」がゲルニカだけに残っているゆえに、これが象徴的にとりあげられ、ビスカヤ領主国の自治の原点であったゲルニカが「バスクの聖地」といわれるようになっている。

四　イダルゴ――貴族への道

カスティーリャ王国はますます領土を広げていった。その発展は、イスラム教徒から国土を回復するレコンキスタにおいて、身分的な束縛を受けない「自由な農民」をマンパワーとしてふんだんに動員できたこと、さらに貢献度に応じて「イダルゴ（hidalgo）」と呼ばれる貴族になれる立身出世の舞台を次々に用意したことによる、といってもよい。

スペインの歴史学事典によれば、イダルゴは、歴史家メネンデス・ピダルが「地所を持つ人（hijo de valia）」とし、歴史・言語学者アメリコ・カストロが「あるものを持つ人

(hijo de algo)」の「あるもの（algo)」に注目し、「あるもの」がラテン語からではなく、イスラム支配下で用いられたアラビア語から派生したものと考え、「富と善良」の意味をとって、「富と善良を持つ人」である、とする。イダルゴ（fijodalgo＝hidalgo）の称号は中世、つまりレコンキスタが進むと、家門のある貴族を呼ぶときに使う郷紳（下級の地主貴族）だけでなく、上級貴族にも用いた。そのイダルゴの特権は、やがて郷紳だけでなく他のすべての貴族と同等のものとなり、免税の他に、課金（給金の上納）もあった。イダルゴは中小貴族、格下の貴族というイメージがあるが、他の貴族と負担は同じであった。

バスク地域内においては、一六世紀以後、イダルゴ身分の授与が全バスク人に適用されるようになると、貴族、有力地主のみが地方議会を占めていた体制をゆるがした。一六、一七世紀、金持ちのイダルゴが目立って登場した。アメリカ貿易によって莫大な利益を得た商人（もともと紋章がない）が、昔からの支配者（有力家）やカスティーリャ宮廷の官僚出身の貴族と対立した。一六五七年、「ビルバオ市（処置）令」には、新興富裕層が貴族へ叙階されるか、有力家との婚姻によって叙階されたことで、その対立が解消した例が示されている。新しい貴族の登場にともなって、バスク社会に「カスティーリャ風（優先）の兆候」が見られるようになった。宮廷の官僚貴族や新貴族の中には、故郷の家屋や土地に投資し、有力家の独占物であった農村支配を目指すものも登場した。

一五二七年、ギプスコア地方セストナの町の議会は、「貴族の身分でないものは当ギプスコアの町を統治できない」と宣言し、スペイン（カスティーリャ）やフランスからの流入者に歯止めをかけた。また同じ地方の町レンテリアでは一六〇六年、公職に就く場合には、そのランクが高い重要職が一〇万マラベディ（当時、一レアル銀貨＝三〇マラベディ）、中間職が五万マラベディの不動産所有者でなければならないことが布告された。その他、カスティーリャ語で読み書きができることが求められる場合もあった。不動産を持ち、読み書きできることを規定する同様な布告はビスカヤ地方ゴルデフエラの町において、一五四八年と一六七一年に出されている。

ギプスコア地方アスペイティアでは、貴族身分にあるバスク人であっても、地主でなければ町長になれなかった。ここでは五〇〇〇人の住民のうち、一〇〇分の一の約五〇人が規定以上の地所を持ち、読み書きできる条件に合致して集会に参加できた。

地方の市会を牛耳った商人が貴族にまで出世した例として、メホラダ侯爵となったペドロ・フェルナンデス・デル・カンポ・イ・アングロがいる。一七世紀半ば、彼はビルバオ市長、アラティア区の区長を経て、マドリードに出てカスティーリャ王国の高官になった。その弟イニゴも聖職者になりトゥイの司教になる。二人の親は一六二五年にビルバオの市長、一六二六年に市参与となった人物であり、一六三一年から三四年の間に勃発したマチナダ民衆反乱における迫害者側の一人だった。この事件は、塩が課税された上に、専売となったことに怒った民衆が蜂起したものだった。塩などの商取引、農村部に投資して得る利益、小作料、それに役人の俸給を加えて、この一族は富を形成していた。

カスティーリャ王国において出世したものがバスク地方の支配機構に入り込むと、地域によっては旧来の慣習との間に軋轢が起こった。度重なる布告によって新しい変化に歯止めをかけたり、読み書き能力が求められたこと自体、伝統的な社会の流動化の証拠でもあり、伝統を維持しようとする葛藤を物語っている。

カスティーリャ王の勅令によって、ビスカヤでは一五二六年から、ギプスコアでは一六一〇年から、すべての住民がイダルゴ身分に叙階するチャンスが生まれ、カスティーリャのパートナーとなったバスク出身者が貴族まで出世する例が多く見られた。ビスカヤにおいてはビルバオを中心にした「カスティーリャの港」としての役割があり、ギプスコアではもともと一四世紀から治安組織として結成された「エルマンダー」（兄弟団）が貴族の悪弊除去、地方内の安定に役立っていた。この組織をカスティーリャ王国が国境防衛の戦略から優遇したことで、新しい貴族が誕生する余地はあった。

また一六世紀前半のカスティーリャ王カルロス一世（神聖ローマ皇帝カール五世）の宮廷には、バスク人が登用され活躍した。この王は、カスティーリャ貴族にとっては「外国人」と思われていた。彼はネーデルランドに生まれ、母方はカスティーリャの家系であったが、父方はハプスブルク家であり、カスティーリャには珍しい赤い髪の王だった。神聖ローマ帝国皇帝への即位後には、イベリア半島内だけでなくヨーロッパ全土を活動の場としたカルロスは、バスク人のようなカスティーリャ語を母語にしないものも能力に応じて行政官、書記官として登用した。なおバスクの地元でも、代官や公証人に登用されたものが有力者になっていった。

そもそも、バスク独特な「家」の形態が、バスク人が外に出て活躍する要因の一つであった。長子相続のみが認められるバスク社会では、第二子以下は新しい活躍の場を求めなければならなかったからである。そのまま残れば、親子兄弟でも使用人のままであった。

バスク人はカスティーリャ宮廷だけでなく、アメリカやフランドルの海外領土へも出掛け、マドリード以外のヨーロッパにもあったハプスブルク家の宮廷に任官した。当然、国家行政に関わりながら、故郷の特権的な政治、経済も擁護した。その良好な関係維持からか、一八世紀初めにハプスブルク朝がブルボン朝に代わり、統治システムが変化した際も、バスク「自治」は保持され、一九世紀半ばのカルリスタ戦争までは国家と地方の直接的な対立が避けられたのである。

五　カスティーリャのパートナー

第四章で紹介するが、『ドン・キホーテ』の「陸でも海でもどこでも武士《さむらい》」にみられるように（一八一頁参照）、バスク人は多士多才であった。カスティーリャの勃興から隆盛期まで、レコンキスタやアメリカなど海外植民に活躍する武人、宗教家、航海士など、その活動は故郷の生業から身に付いた才能を開花させた。それに加えて忘れてならないのは、カスティーリャ王室に仕え、カスティーリャの発展を支えたバスク人官僚の存在である。しかし官吏の多くはカスティーリャの歴史に名前を挙げて取り上げられることはない。バスク語を母語とするバスク出身の官吏や書記官は、公式な使用言語、つまりカスティーリャ語（スペイン語）を操りながら仕事をした。その言葉は、『ドン・キホーテ』の項で明らかにするように、地方訛りの強いカスティーリャ語だったかもしれない。

宮廷官僚――ペドロ・ロペス・デ・アヤラ

「ビトリア、半ばカスティーリャ的な町において、アラバ出身の父と山中のサンタンデル出身の母の間に生まれ、バスク人のように辛抱強く、頑固であり、カンタブリア人としては抜け目がなく、用心深く、才気がある、二つの種の対照的な特徴を併せ持っている。悲惨な（内戦が続く）一四世紀を、高潔な人物であり良き騎士であるとの評判で通り抜けた」と、歴史家メネンデス・ピダルが評価するバスク出身の宮廷官僚がいた。

ペドロ・ロペス・デ・アヤラ（一三三二―一四〇七年）はカスティーリャ王国で大法官まで出世した。父の領地であるアヤラの町は、カスティーリャ王国からもビスカヤ領主からも自治を維持していた。そこで彼は一一人兄弟の長男に生まれた。一三五三年、二一歳の時、カスティーリャ王ペドロ一世（残酷王）の近臣となり、高い評価を得た。その後王の分遣隊隊長となり、トレドの執行官長となった。カスティーリャ王位をめぐる内乱が勃発すると、トラスタマラ家のエンリケが即位、ペドロは王位を追われてフランスへ逃亡、アヤラ父子は公職を辞した。

しかし勝者エンリケは友人としてアヤラを受け入れて、騎士団の尉官に任命した。一三六九年、エンリケはペドロから再挑戦を受けたが、これを退けた。その時にはアヤラは参戦しなかったが、エンリケは彼にバスク内のアルセニエガ、オロスコ、ジョディオに領地を与え、そこの代官に任命した。一三七五年、母の死、父の引退によって家督を譲渡された年に、彼はトレド市の代官に取り立てられ、さらに王の顧問（大法官）に出世した。次王フアン一世も父王同様に彼を処遇し、アラゴンやフランスやポルトガルなど、諸王国との交渉ごとに当たらせた。二度、戦場で敵方の捕虜となったが、身代金の支払いで保釈されて宮廷に復帰した。

カスティーリャ王国の歴史の中でも重要な時期にバスク出身の官僚が重用され、その人物がバスク人の高潔さを示した例として後世でも取り上げるのがアヤラだ。時間的には後になるが、一七世紀初めの『ドン・キホーテ』が描く「ビスカヤ（バスク）人」は、粗野なイメージであり、大きな違いがある。カスティーリャ王国は、その膨張とともに家門や出身地にこだわらず人材を登用したところに、その活力もあったのである。

海外植民——出世の早道

一六世紀に海外植民に向かうバスク出身者はイダルゴ身分の家門の者が多かった、といわれている。フェリペ二世がビスカヤとギプスコアの出身者に授与した称号は、スペイン帝国、つまり海外も含む帝国全土で通用し、どこにおいても特権を享受できた。そのために、植民の最前線で奮闘するバスク人は出世が早く、社会的な上昇も他地方の出身者よりも早かった。他のコミュニティーとの対立、競争になった時に特権保持者は有利に事を運ぶことができたのである。アメリカなど海外植民地に到着したバスク人イダルゴはカステイーリャ官僚制の高い階位を占め、副王、聴訴官、隊長（カピタン）、裁判官などに就任した。海外移民に新しい経済チャンスを求めて、バスクの一般住民や農民が大々的に加わるのは、一九世紀になってからであった。

一五〇三年にカトリック両王（アラゴン王フェルナンド二世とカスティーリャ女王イサベル一世）がセビーリャに貿易独占権を確立して以来、バスクの船主はセビーリャに拠点を設けた。一六世紀初めからアメリカつまりインディアス管轄のすべての業務を司るインディアス通商院は、中世から評判になっているバスクの船を集めようとし、一五〇五年、マルティン・サンチェス・デ・サムディオをビスカヤ資本家の代表者にした。一六世紀中、彼に代表されたバスクの船主は法令や勅令によって免税を認められ、この利点を生かしてバスクの港町は貿易にも参加し、造船業には隣のカンタブリア地方も参加した。

一五二九年一月、カルロス一世（神聖ローマ皇帝カール五世）はビルバオとサンセバスティアンに、ラ・コルーニャ、バイヨンヌ、アビレス、ラレドの各市とともにインディアスへの直接航行を認め、帰路にはセビーリャに寄港、税金を払うことを義務づけた。一五七三年一二月一日と同月四日の勅令によって、これは更新された。バスクの港町は新大陸に物資と人を直接に運ぶ特権を得て、「インディアス航路」によって多大な利益を享受することになった。フランスバスクもこの利益に与《あずか》り、サン・ジャン・ド・リュスの港は造船と松材で知られていたが、ビスカヤに登録した船舶がこの港から荷積みしてアメリカに向かった。さらにバスクの鉄商品、特に有名な武器の製造が盛んであったエイバルなどの町に、海外から注文が増えた。

その一方で、一五二〇年からアメリカの植物（インゲンマメとトウモロコシ）がバスクの伝統農業に加わるようになった。タロ（トウモロコシのパン）やラピココ（インゲンマメのスープ）など新しい食品を使った料理も加わった。その後、アメリカ原産ジャガイモが日常食にも登場し、その栽培は他のヨーロッパ同様に人口増にもつながった。アメリカ貿易とその影響で盛んになった造船や製鉄とその加工など関連産業がもたらす利益もまた、バスク地元経済を潤した。

外地アメリカを含めて儲けた額は不明だが、カスティーリャの「武士」たちがそうしたように町の教会や自宅の館の修復に充《あ》て、夢であった「カセリオ」や土地の購入など故郷での地歩の確立につぎ込んだ。一九世紀からの移民がアメリカなど海外で稼いだ資金を元手に町で商売を始めたのは、もともと出身が普通の庶民（多くは農村部出身者）であったからだ。一六、一七世紀の段階では、「名誉」や「出世」を求め、海外を含むバスク地域外の事業に夢を追ったのである。

新天地に夢をかけるバスク人たちは、故郷でつちかった知識や技術に裏打ちされた自信、そしてある種の信念——キリスト教布教の使命感——によって困難に立ち向かった。コロンブスに始まる航海への参加から、バスク人はその足跡を残していた。

一五〇一年、セビーリャ在住のルイス・デ・アリアガはサント・ドミンゴ（現ドミニカ共和国の首都）にバスク人家族だけの村を建設しようとしたが、失敗した。ギプスコア人ドミンゴ・マルティネス・デ・イララは、一五六〇年にパラグアイの現在の首都アスンシオンを建設した。ヌエバ・エスパーニャ（現メキシコ）から出発した二人のギプスコア人レガスピとウルダネタが率いる一隊は、一五六四年にフィリピンを征服し、一五六九年にマニラに拠点となる最初の建物を建てた。ビスカヤ人ファン・デ・ガライは一五六五年にリオ・デ・ラ・プラタの知事となり、一五七三年にサンタフェ・デ・ベラクルス市を創設、一五八〇年にはブエノス・アイレス建設に着手した。

一五六〇年、ペルーに住むカニェテ侯は、黄金郷（エル・ドラード）を求めてビスカヤ人やギプスコア人が加わった遠征隊を編成し、ナバラ人ペドロ・デ・ウルスアがこれを指揮した。ギプスコア人ロペ・デ・アギーレはフェルナンド・デ・グスマンの邪悪な誘いに乗り、隊長ペドロ・デ・ウルスアを裏切り、一五六一年に隊長を殺害した。ロペ・デ・アギーレとその仲間はカスティーリャ国王フェリペ二世の領土から、それまでに征服していた土地を奪おうとしたのである。この構想は、のちの一九世紀に実現するが、一六世紀の段階でイスパノ・アメリカ独立を試みた最初の例ともいわれる。アギーレはその残虐な手段から「神々の怒り」を買うことになった（一九七二年制作のドイツ映画『アギーレ・神々の怒り』の題材）。

フアン・デ・トロサはディエゴ・デ・イバラとともにサカテカスの鉱脈を発見し、同名の町を建設した。その甥フランシスコ・デ・イバラはメキシコで生まれたが、家族の故郷の名前を付けたヌエバ・ビスカヤ（新ビスカヤ）県、そして出身地の名を付けたドゥランゴ市を創設した。

新しい領地を求めて戦ったバスク人コンキスタドーレス（征服者たち）は、新領土に、生まれ故郷に擬《なぞら》えた地名を命名した。「故郷に錦を飾る」、言い慣らされた文言だが、一花咲かせて帰郷する夢を植民者たちは常に持っていたように思う。しかし、故郷は遠く、生あるうちに帰郷が叶《かな》わないかもしれない。可能な限り同郷の人々を集め、故郷と同じ隣人たちに囲まれて擬似「故郷」を建設し、故郷の「名」を残す。世俗的な「欲望」が、故郷と一体感を持つことで、バスクの武人たちの英雄的な行動（栄華）に昇華するのである。

世界一周した航海者

海の男たちの末裔はさらに活躍の場を広げた。序章でふれたバスクの海、ビスケー湾沿岸から遠洋まで、鯨や鱈を追っていった操船技術は、大航海時代のカスティーリャ（スペイン）帝国の発展に大いに役立った。

ファン・セバスティアン・エルカーノはその代表者で、船乗り、航海者として最初に世界を一回りした栄誉を手にした。彼は、ギプスコア地方のゲタリアの港町に生まれ、父は漁師であった。青年期に漁を求めて現在のニューファンドランド島に到達したとの話もある。カスティーリャ王国に仕官してからは、シスネロス卿の北アフリカ征服、大総帥フェルナンデス・デ・コルドバのイタリア遠征に参加する。その報酬で船を得たが、彼は借金返済に困って外国人に船を譲渡する禁を犯して罪に問われ、逃亡生活に入る。その後、一五一九年、セビーリャでポルトガル人マゼラン（英語読み。ポルトガル語読みではマガリャンイス）の船団に一等航海士として雇われて船と通商の責任者になった。同年九月二〇日、マゼラン船団はサンルカール・デ・バラメダを出港、アメリカ大陸南端を回って太平洋に出てフィリピン群島に到達した。そこでマゼランが原住民に殺されたので、エルカーノは旗艦ビクトリア号の船長、さらに総司令に任命された。その船団はモルッカ（香料）諸島を経由しインド洋に出て、アフリカ回りで、約三年ぶりの一五二二年に同じ港に帰港した。世界周航の完成である。

国王カルロス一世に歓待されたエルカーノは、先に発見した香料諸島の領有を確実にするために、再び出港して、アメリカ大陸南端のホーン岬を発見したりしたが、航海は困難を極め、彼は船上で病没した。

エルカーノの他にも、スペインの大航海時代を支えたバスク船員が多数存在した。その中から歴史上に名を残したバスクの海の男たちを挙げておこう。ギプスコア地方オニャテ出身のファン・デ・オニャテは現在のアリゾナを探検し、内陸へ入ってバハ・カリフォルニア海岸から太平洋へ出た。一七世紀半ばアントニオ・デ・オケンドとカルロス・デ・イバラの二人の提督は、イギリスやオランダの艦隊と戦った。前者はイギリスの海賊を打ち負かして有名になった。

新天地への植民は本来キリスト教の布教を目的としていた。アジア、そして日本まで布教した宣教者フランシスコ・ザビエルの他に、一五二七年にヌエバ・エスパーニャ（新スペイン、現メキシコ）の司教になったビスカヤ人ファン・デ・スマラガ、ナバラ地方バラソアイン出身でブラジルを布教したファン・デ・アスピリクエタなどがいた。スマラガはアメリカに最初の印刷機を持ち込み、カトリックの布教と教育に活用した。当時、ヨーロッパではグーテンベルグが発明した印刷機がプロテスタントによる宗教改革に有効利用されたのに対して、新大陸ではカトリック布教に役立ったのである。現在でもスペインで最も敬虔なカトリックであるバスク人の祖先の足跡は、後輩を導く格好な動機付けになっている。

日本での殉教者——二十六聖人

初めて日本にキリスト教を布教したザビエルの功績については、あまりにも有名であるので他の書に譲るとして、本書では、日本のキリシタン弾圧の歴史の中で重要な意味をもつ「二十六聖人」の中にいた一人のバスク人について述べよう。

日本最初のキリスト教殉教者である「二十六聖人」の一人、マルティン・デ・ラ・アスセンシオン（一五六七?—九七年）はビスカヤ地方イパランゲルアに生まれた（ギプスコア地方ベルガラか、ベサイン生まれ説もある）。ペドロ・デ・シャルボー神父（イエズス会）著『日本の歴史と素描』（一七三六年頃出版）には、「サン・マルティン・デ・アギーレ、ビスカヤ領国イパランゲルアのアギーレ家の出」と出てくる。彼はアルカラ大学において美術と神学を勉強し、その間にフランシスコ会に入会、一五九〇年司祭に叙階した。

マルティン神父（日本ではマルティノ神父）は、初めメキシコに渡り一五九六年六月来日、長崎で数日休養した後に都・京都の修道院に向かった。船旅の間に日本語と日本社会の習慣を学び、来日すぐに日本語で説教した。同年一〇月に京都から大坂に入った。なおこの当時の布教状況について、ローマに届いた「一五九六年の年報」によると、毎年数千人、一〇年間で六万五〇〇〇人の日本人がキリスト教に改宗したという。

一五九六年一〇月、メキシコとフィリピンを結ぶスペイン船航路を運航中のサン・フェリペ号（ガレオン船）が難破し、土佐沖に漂着する事件が発生した。一人の船員がスペインの日本征服陰謀とマニラから派遣されている修道士の関係を示唆したために、豊臣秀吉は積荷を没収した上に、京都や大坂で布教活動をしていたマルティンを含むフランシスコ会士と日本人信者、日本人イエズス会士を逮捕した。彼らは京都、大坂、伏見、堺市街を引き回しの後、翌九七年長崎に送られ、二月五日に処刑された。その五七日後の四月三日の聖金曜日に、遺体からまだ血が流れていたのを多くの人が目撃したと伝えられている。

事件の発端となったサン・フェリペ号はメキシコのアカプルコとフィリピンのマニラの間を航行していた。その航路を運営したのは、カラカス・ギプスコア会社が改名した「フィリピン会社」であり、バスク系海運会社であった。

六　異能民族集団——山バスク、海バスク

バスク人は海外植民活動などで発揮されたように、生活の中から身に着けた技術をどん

な環境下でも活用できた。バスク人の生活振りを見るときに、自給自足的な社会を生き抜く生活の術が自然に身に付いていた。バスク人には、居住地または生業から「山の生活」と「海の生活」がある。「山のバスク」は牧畜、木工、ブドウ栽培・醸造、鉄加工（鍛冶）が生業としてあげられる。

バスクに始まり、そこに住む人々がいつも身に付けていてバスクの代名詞となっているベレー帽（ボイーナ）は、夏涼しく、日よけとなり、冬の寒さを防ぎ、さらに雨にも強い。それは、良質なウール（羊毛）を素材にしたもので、バスク人の生活に必携な品といってもよい。「海のバスク」でもボイーナは必需品である。

「山のバスク」は自給自足が建て前の生活である一方、「海のバスク」は古代からの捕鯨など、漁業で身についた集団作業が高度な組織性を育てていった。その技術は集団内部のみで使われたのではなく、外に向かっても有効であった。異能な民族集団が外の世界で活躍する素地は、伝統的な集団内部で育まれたのである。

このようなバスク本来のものがカスティーリャのもの、つまりスペインのものとなっていったのは、活躍の場がバスクの海、カンタブリアの海、ビスケー湾から大海原の大西洋をはじめとする外洋に飛翔した時だった。スペイン人歴史家マダリアガは、「バスク人はすべてのスペイン人のなかで最もスペイン人である」といい、同じ歴史家のサンチェス・

アルボルノスは、「バスク人はローマ化されなかったスペイン人であり、スペインの祖父である」といった。カスティーリャ的なもの、スペイン的なものの根源にバスクがあることをいいあてた文句である。

捕鯨

バスクの港町を歩くと、その紋章がクジラばかりであることに気づかされる。バスク古来の捕鯨はヨーロッパにおける捕鯨の原点である。ビスケー湾がセミ鯨の回遊路であり、バスク沿岸まで鯨がきていた。四世紀には鯨が座礁した記述がある。

海が見渡せる丘の上などの高台に陣取った見張り役は、鯨を発見すると、太鼓や鐘を鳴

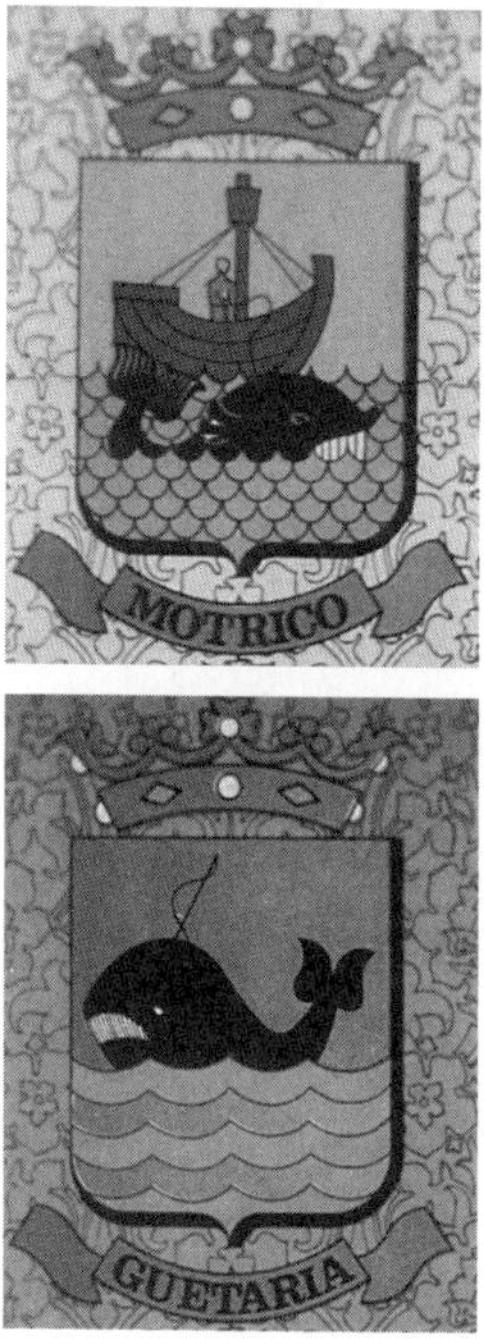

港町で見かけるクジラの紋章

らし、灯《あか》りで沿岸に待機する捕り手に知らせる。小舟には、漕ぎ手、銛の射手、舵取りが乗り込み、捕獲に向かった。岸辺には獲物を解体する者がいる。バスク式捕鯨は集団作業を得意とする民族の技でもある。

七世紀、鯨油の販売が軌道に乗っていた。鯨加工の最大のものは鯨油の搾油であった。地中海周辺のオリーブ油に対して、その栽培に適さない北部ヨーロッパにはそれに代わる油が必要であった。キリスト教の布教とともに、儀式に使用するオリーブ油は必需品となったが、高価なもので日常生活には余り使用できない。そのために、その他の植物油や鯨油の需要があった。鯨油の販路は北部地域に広がった。鯨は食用にも適し、舌は珍品として塩漬けにされ保存食となった。また鬚は女性用コルセットや衣服の骨組みになった。

鯨の回遊に変化がみえ、一三世紀から一四世紀、ビスケー湾の沿岸捕鯨は大西洋の遠洋捕鯨に変わっていった。当然、漁船は大型化し、操船技術もこの変化に対応した。一六世紀初め、漁場はニューファンドランド近海へ移っていった。ニューファンドランドからハドソン川に沿った川辺には、捕鯨に使用された船の残骸が発見され、さらに捕鯨に向かったバスク人の集落が確認されている。

一七世紀にはオランダを中心にイギリスも加わり、国際的な捕鯨競争が激化した。さらにのちにガス灯用のガスを鯨油の加熱・分解によって得る技術が開発されると、鯨油の需要が一層高まり、新規に資本投資があり事業が拡大した。初めは、スペインから独立したオランダの企業が各社争ってバスク人を雇い、その技術を取り入れ、続いてイギリスが同様な方法をとって追いかけた。やがて両国ともに技術を盗み、自前の人員が揃うと、バスク人の雇用は激減した。

バスク人は捕鯨による副産物を手に入れたが、次第にこちらが主力になっていった。遠洋まで遠出をするバスク漁民の活動を可能にしたのは、鱈《たら》の漁獲であった。ニューファンドランド近海は豊富な鱈の漁場であり、この鱈を船内で加工して塩干しにすることが自らの食料確保、長期航海を保証した。さらに、この塩干しの鱈はヨーロッパの貴重なタンパク源として国際交易の商品となった。今日でもバスク（スペイン）、ポルトガル、フランスなどの料理に塩干し鱈は欠かせない味である。

一九世紀後半、捕鯨銃の発明によるノルウェー式捕鯨が登場すると、バスクに始まる集団捕鯨は衰退することになるが、一九世紀に捕鯨大国となるアメリカ合衆国がやがて太平洋にも乗り出し、日本沿岸にも接近する。捕鯨船団の燃料、水、食料の供給基地を求めて日本の開国を迫ったペリー率いるアメリカ合衆国東インド艦隊の来航を、バスク人ザビエルが日本に初めてキリスト教を布教しヨーロッパの思想のみならず文物（南蛮文化）も伝えたことと併せて考えると、バスクと日本の関係が浅からぬものであることを感じさせる。

海外移民という産業

ビスカヤ地方の港町レケイティオから移民で出掛けた人々がどこで亡くなったかについて、経済史家フェルナンデス・デ・ピネドが調査している（『バスク経済社会の発展と変化一一〇〇〜一八五〇』）。

アメリカ渡航には許可書が必要であった。しかし、バスクの場合は直接目的地へ渡航できたので、非公式な密航の数が多く、その実態は不明である。それでも、ピネドの調査から一般的な傾向はわかる。移民の多くがアメリカ、つまり北米（アメリカ合衆国）を除く中南米で死去しており、帰国して故郷に近いところで死去した割合は二〇パーセント以下である。遠距離の交通手段が発達していない時代には、移民は生涯を賭した「大事業」であった。

レケイティオが港町であり、漁業関係の技術（操船や漁労）が生かされていたことを考えると、アメリカでの生活は不明だが、帰国後は沿岸地帯に多くが生活したことがわかる。ニューファンドランドは鯨と鱈の漁場となったところで、その調査はバスクの漁民が大挙して出掛けていったことも示している。バスク人移民は技術を生かし、独特な言語を用いて集団を形成する例が多く、バスクの外の世界でも同一性を保持する独自な空間を維持していた。そして、海の向こうの血縁・地縁者が故郷から人を呼び寄せ、また逆に血縁や地縁を利用して海を渡った。

「大航海時代」のバスク人の活躍に刺激を受けて海外に活躍の場が求められた一九世紀半ばまで、移民は、ガリシアなど他の地方とともにバスクの伝統的な「産業」である時代があった。それを受けて、「真のバスク人は、家の原点を示すバスクの苗字を持ち、バスク語を話し、アメリカに親戚がいること」という格言がある。

七　「バスク」モデルの全国展開

「啓蒙主義」の世紀

カスティーリャ王国を中心としたスペインで、停滞の一七世紀を経て「啓蒙主義」の一八世紀が始まった。この世紀の到来とともに、フランスを本家とするブルボン家がハプスブルク家に代わってスペインを統治した。ブルボン朝の開祖アンリ四世は本名をアンリ・ド・ナヴァール（ナバラのアンリ）といい、ナバラ王国のピレネー北にある領地に由来するバス・ナヴァール（低ナバラ）地方に隣接するベアルヌ地方のポーに生まれた。またフランス王に即位する前に母から譲り受けたナバラ王の称号を保持していた。つまりブルボン朝はバスク（エウスカレリア）近隣に揺籃の地があった。それゆえにブルボン家の王たちは名門スペイン・ハプスブルク家（カスティーリャ王国）から奥方を迎える慣わしがあった。カスティーリャの王位相続法には女子も権利があったので、ブルボンに嫁いだ王女とその子供たちにもカスティーリャ王となるチャンスがあった。カスティーリャ王カルロス二世が世継ぎもなく死去すると、あの「太陽王」と呼ばれたフランス王ルイ一四世は、母も王妃もカスティーリャから嫁いできている縁故を最大限に利用した。

カルロス二世は死の一ヵ月前に署名した遺言状に、ルイ一四世の孫アンジュー公フィリップを後継者に指名した。このフィリップがフェリペ五世としてスペイン国王に即位、これに反対するイギリス、オランダ、ポルトガルなどがハプスブルク家王子レオポルドを担いで、スペイン王位継承戦争（一七〇一―一四年）が勃発した。

マドリードとパリのブルボン朝に挟み撃ちになったカタルーニャ、アラゴン、バレンシアは反抗したが、軍事的に敗北して地方特権（フエロス）を剝奪された。しかしナバラ地方を含むバスクには「国家的な反抗」の意図も目論見もなく、ハプスブルク朝時代と同じく地方特権を保持したまま、以前と変わらなかった。このバスクを除くスペイン全土はブルボン朝の中央集権下に入り、それぞれの「領域」が均一な「一地方」に組み込まれた。王位継承戦争はヨーロッパの列強間では妥協に終わり、スペイン王国はイベリア半島の外のすべてのヨーロッパ領土を放棄した。

ブルボン朝は、政治のみならず、経済、社会の改革に乗り出した。ハプスブルク朝時代、アメリカ植民地がもたらす膨大な富を享受することで勤労嫌いになってしまったカスティーリャ王国の大掃除に着手したのだ。

極論すれば牧畜だけのモノカルチャーであった経済を、工業、商業を振興させて、新しい時代に適合する経済体制に変えることを目指したのである。停滞するカスティーリャからの脱皮は、ヨーロッパのブルボン家に仕えた外国人官僚やカスティーリャ地方以外の周辺地方出身者の登用によって着手され、その最終仕上げは、啓蒙専制君主カルロス三世の「上からの改革」にその方向性がみてとれる。

貿易・商船会社の開業

啓蒙の世紀が始まった。啓蒙主義の中心はもちろんフランスの都パリであり、その思想を体現しようとしているのはブルジョアたちであった。宮廷がその気でもマドリードには肝心のブルジョアが少ない。その点、バスク地方は地理的にもフランスに国境を接して、外の情報にも精通、知恵を働かしてアメリカ貿易を介して経済的にも潤っていた。

一七二八年、国王フェリペ五世はアメリカ植民地ベネズエラのカラカスにおける「ギプスコア（特権）会社」設立に署名し、二〇年間の特権を与える代償に、武装した二隻の船舶をベネズエラに送ることを義務付けた。この貿易会社によってギプスコア地方サンセバスティアンとカラカスを結ぶ定期航路が開設され、往路には植民地が求める商品を運び、帰路にベネズエラのたばこ、皮革、カカオが積み込まれた。貿易の独占権が与えられたものではないが、半世紀以上、ベネズエラはバスク人の移民先であり、まさに収益性のあるバスクの半《なか》ば植民地となっていた。

一八世紀初め、スペイン・ブルボン朝の宮廷財政はナバラ出身のファミリー（家）が管理する様相を呈していた。ゴエネチエ、イトゥラレデ、ウスタリス、アリスクム各家などの門人が登用され、その任に就いていた。たとえば、ブルボン諸王家の顧問であったファン・デ・ゴエネチェ（ゴエネチェ家のファン）は、地元ピレネーの材木をスペインの軍艦に供給することを一人で采配し、アリスクム家のペドロ・デ・ミゲルは海軍の艦隊への食糧供給を引き受けていた。当時、ナバラの資本家たちは、アメリカを視野に入れたフランスの基本的な物資の商取引（貿易）にも従事していた。さらに、ウスタリス家のヘロニモは、経済効率を優先したアメリカ貿易全体の再編成の案を提案していた。

バスク友好協会の創立と実践的学問の探求

このような雰囲気の中で一七六四年のクリスマスの日に、王から特許を得て「バスク友好協会」がギプスコア県アスペイティアの町に創設された。

当時のアスペイティアには、一七四八年以来ペニャフロリダ伯爵を中心に啓蒙思想に共鳴する人々（「アスペイティアの紳士たち」）が集まり、自然科学と芸術の振興を論じていた。設立認可書のなかに、その目的が以下のようにある。「科学、芸術、文学においてバスク〈国民《ナシオン》〉の嗜好を育成、その習慣を正しく身につけ、怠惰、無恥、その邪悪な結末を排し、アラバ、ビスカヤ、ギプスコアのバスク三県の結合をより強める。」そのためにはヨーロッパから優れた人材が招聘《しょうへい》された。

その設立から二年後、「ベルガラ・セミナー」が教育機関として開設され、研究と後進の育成に努めた。そこでは冶金などバスク鉄工業に結びつく化学研究も進んだ。また一七八三年に発見されたタングステンは、製鋼に欠かせないものであることがわかった。まさに啓蒙思想の実践がみられた。

この啓蒙および産業支援機関としての「バスク・モデル」はスペイン全土に波及し、四〇を越す同種の組織が創建された。カルロス三世が、皮革業、鍛冶業、製靴業、鉱業の職種が貴族の称号に値する職業であることを宣言したことにも、経済再編の流れが示されている。一九世紀初めには、友好協会の組織を基盤に広まった各地の経済団体（商工会議所）の数は六八になったが、元祖に勝るものはなかった。なぜなら、次に述べるように、その広がりにおいてそれを越えるものはなかったからである。

バスク友好協会には、相当な数の海外バスク人が加入し、経済的に貢献していた。とりわけアメリカ在住会員が送る資金の増加が団体の発展につながっていた。一七七七年、同協会の「バスク評議会」はアメリカから流入する資金の重要性を討議している。当時の記録によれば、一七七四年から一七九〇年の間にもたらされた資金量は一五〇万レアル（銀貨。当時一レアルは、一・六九グラムの重さ）に達していた。ちなみに一七九三年に会員登録した一一八一名のうち、四九六名がアメリカ、三七八名がバスク以外のイベリア半島、二一一名がバスク内の居住者であった。

バスク友好協会はその創設の時から、バスク移民たちからの海外送金の受け取り機関となっていた。当然、人の受け入れも見られ、当時のエリート育成として、海外のバスク人子弟がこの組織の教育機関「バスク愛国セミナー」や「ビスカヤ貴族セミナー」に学んで新しい時代の空気を摂取した。これは、海運業の発達による本国と植民地の密接なつながりを示すものでもあった。

「ベルガラ・セミナー」の研究所では化学の実験が進み、前記したタングステンやヴァナジウムが発見された。実践的な学問探求が優先されて、土木、建築、物理学、化学、数学の他に、軍事学校も登場した。これらは全国展開していったが、従来のカスティーリャの理念優先の学問よりもバスクの実践思想がもてはやされた結果でもあり、さらに教育が教会から離れる契機にもなった。

というのも、カスティーリャは一六世紀からピレネーの北に展開したプロテスタントの運動を警戒して、国外留学を禁止し、異端審問（宗教裁判）を継続して、カトリックの「チャンピオン」であることを誇示していたのである。一八世紀ブルボン朝では、その圧力も低下したとはいえ、バスク人は以前から外に活躍の場を求め、この世紀にはより積極的に外の学問を取り入れていたのである。それも、「実践」を重視した学問であった。

植民地独立とシモン・ボリーバル

海外やヨーロッパにネットワークを張り、その連携に力を得た「小さなくに」＝バスク・モデルは完成段階にきていた。しかし異変は突然にやってきて、破壊の連鎖へ入っていく。隣国フランスにおける革命、植民地での独立運動によって、組織としてのバスクの「国《くに》」が国際的に認知される前に、その活躍は再び、故郷を離れたバスク「人」という個人の資質の次元に帰することになった。

植民地における変化は人の扱いの違いを生む。イダルゴの称号を持ち優遇されていたバスク出身者たちも、植民地独立によってかつての称号に効力がなくなってしまった。

ラテンアメリカ独立の父シモン・ボリーバルの祖先は、ビスカヤ地方ボリーバル村から一五八四年にアメリカに渡り、一五八九年にベネズエラに定住した。それから五代目、大地主となった家にシモンが一七八三年に生まれた。彼は青年期に三回ヨーロッパを訪問、そのうち二回スペインに来て、ビルバオに一年ほど滞在した。バスクの法制(フェロス)、流行の啓蒙思想、そしてバスクの実践を学んだ後に帰国した。彼は独立運動に参加し、コロンビア、ベネズエラ、エクアドル、ペルー、ボリビアをスペインから解放した。そしてラテンアメリカの独立だけでなく、バスクで体験し学んだようにすべての住民を平等で自由にする国(大コロンビア)の創設を目指した。

しかし、結果は彼の考え通りにはならなかった。一八世紀から一九世紀へ時代が大きく転回するなかで、「バスク・モデル」の遺産やバスク人の知恵を生かすことができなかった。「独立の父」の名声が残ったものの、各地域の指導者が自己利益を追求し、運動方針をめぐる対立が生まれる中で、彼は失意のうちに一八三〇年にパナマで没した。

「バスク一体化」の難しさ

一八世紀、バスクに関する歴史解釈は新たな展開を迎えた。マドリードからの中央集権の圧力に抗して、バスクのアイデンティティが追求され、記録のない先史時代からバスクは独立した国であり、バスク人が自由な市民であることの「証明」が語られ、それを神話化する試みが始まったのだ。バスク人が創世記にあるトゥバルの子孫であったり、聖ヤコブ（サンティアゴ）がバスクに近い地に現れたりもする。バスクにはキリスト教以前の原始的な一神教があり、バスク人がその時代から使徒的な役割を持つ選民である、とも主張された。

これらの考えは、すでにギプスコア出身の歴史家エステバン・デ・ガリバイ（一五一二—九九年）が『歴史要綱』で取り上げ、イエズス会士マヌエル・ラランメンディ（一六九〇—一七六六年）が『ギプスコア地方誌』で強調した。後者は後述するようにバスク語の最初の文法も著わした。バスクの統一体としての認識を、共通する言語によって高めようとする意図が見られた。

バスク友好協会の設立目的の一つには同様な「バスク一体化」の目論見があった。バスク統合を目指した中世のナバラ王国の一時期以外、ピレネーの北は三つの地方に分かれ、その南もそれぞれの領主国に行政的には分かれていた。南だけでも長年「パイース・バスコ」、つまり「バスクの国」と単数で呼ばせてきたものを、実体あるものにしようとする試みが同協会にはみられた。しかし、バスクは構造的になんら変化することなく、意識のみが先行するだけで、問題を後に残すことになった。

バスクは、独自な生活様式や文化を基本的に変えることなく、外の世界の技術的な進歩を巧みに受容する「術」に長《た》けていただけであったのか。個人の自由、市民の平等、財産の分配など、この時代のヨーロッパにおける主要な動きに、バスク人はあまりにも保守的すぎた。本章の「二　家と慣習」で述べたが、すでにすべてを伝統的に享受しているかのように、特定の社会層は意識していたので、自由や平等などの新しい時代の考えを社会全体へ広げる意識はなかった、といわざるを得ない。また「啓蒙思想」に共鳴した「アスペイティアの紳士たち」も特権的な社会層が中心であり、結果的には社会的な広がりもなく、「バスク一体化」はまだ萌芽的な状況にあったのである。

ピレネー北の事情

多神教の名残りがあるにもかかわらず、カトリックはバスクの社会、習慣、家族関係にしみ込んでいて、保守的なバスクを形成する共通要素であった。一八世紀末には進歩的なバスクの一部（都市部）では近代的な様相を形作っていたが、南西ヨーロッパを中心にした保守的な面（農村部）も色濃く残っていた。地方ごとの方言に分かれていたとはいえ、バスク語はピレネーの南北で共通に話されていたが、双方の政治的な統一体はなく、近世、近代と時代が進むと、中央集権化によって南北はますます分離することになった。

フランスバスクそれぞれは三つの社会的、法的な区分に分けられていた。中世において、海岸部のラブールは子爵領であり、一四世紀には一時的にイギリス王権の下にあった。さらに地方貴族による封建支配は弱く、領域全体の五パーセントも直接支配できなかった。中央部バス・ナヴァールはブルボン王朝の揺籃の地に隣接し、一二世紀末からその一門の支配下にあった。最も東、ピレネー山麓にあるスールはフランス王家との封建関係の下にあった。

一五世紀以来、フランス王権が統合する過程において、これら三地方はスペイン側同様に地方特権を保持した。それぞれ制限付きの議会があり、ラブールの議会は貴族を排除して町々の長で構成され、その他二地方の議会は貴族権力が強力で、ナバラ王国同様に伝統的な有力者支配の構成であった。一六、一七世紀にそれぞれの地方特権が法制化されたが、ブルボン王権は直接支配に乗り出し、一八世紀以降、その傾向が増大した。

フランスバスク人はむしろ文化活動に目立ったものがあった。最初に、ボルドーで出版されたバスク語本（一五四五年）もロマンス語文化サークルから出版されたものだったが、出版に関しては、スペイン側よりも多い。またフランス革命への対応においても、フランスバスクの特徴が見られた。スールの農民が貴族特権の廃止を要求した例があるが、バスクの宗教性は、「理性が宗教に勝る」として宗教を否定するフランス革命派にとっては反動であった。ラブールでは革命派の恐怖政治によって迫害される市民が多数いた。

国境を挟んだ双方バスク人の交流は、遊牧に関する伝統的な権利の行使などに残ってきたが、政治的な統一体の形成の動きは今も昔もない。一六五九年にフランスとスペイン両王家が結んだピレネー条約が定めたピレネーの山頂を結ぶ線＝国境は単なる線にすぎない、とバスク人は考えている節がある。民族や言語は基本的なものであるが、これらの「少ない」共通項を除けば、それぞれの地方の差が示すものは「多い」。中央集権体制の下で行政区分が分断された後遺症は、今日でも深いものがあるといえる。

八　経済の「実践」と産業革命への胎動

ビルバオの繁栄

バスク友好協会が設立されてから、バスクの経済活動がバスクの地で実践された。そのために豊かな自然に影響が出てきた。外洋を航行するガレオン船の建造のために大量の木材が伐り出され、多くの鍛冶場は少量の鉄しか生産しないものの大量の木炭を使用し続けた。農業は、バスクに限らずスペイン全体がそうであったが、農地が土地改良もなく貧弱なままで、悲惨そのものであった。またバスクの泥炭層の下には良質な鉄鉱石があったが、まだ隠れたままであった。一七八三年に発見されたタングステンは製鋼（鋼《はがね》）に欠かせないものになったが、産業革命までにはまだ時間がかかった。

それでも、当時のバスクの経済的な位置は他の地方よりも高かった。一九世紀初め、その中心都市ビルバオは市街地の人口が八〇〇〇人程度の町であったが、その世紀末には八万人を越えた。この数字の差は、ビルバオに飛躍的に発展をもたらす産業革命の影響の大きさを物語るものである。しかし、産業革命の本格化は世紀末のことであり、流入人口の急増に見られる大変動以前、つまり産業革命までの準備期の「緩やかな」経済発展は、前世紀から継続する「技能」がもたらしたものだった。

一九世紀初めまではビスカヤはなお、カスティーリャ地方との太いパイプで利益を得ていた。ビスカヤ人はカスティーリャの中心都市ブルゴスと国境《くにざかい》の峠の町ペニャ・デ・オルドゥーニャを通過してビルバオを結ぶルートを押さえることで、莫大な利益を得てきた。ビスカヤ領主制、王権都市ビルバオ、ビルバオ領事館の三つの顔それぞれから特権を得て、ビスカヤ地方とビルバオは税金の免除などの経済的な「自由」を享受していた。

さらに通行税設置が利益をもたらし、外国産ワインは分量（カンタラ）ごとに八クワルト（銅貨）を徴収、これも町を荷馬車が通過するごとに支払わなければならなかった。そのうえに全行程、車また箱型荷馬車ごとに八レアル・ベリョン（銅貨）、小型二輪車ごとに四レアルが支払われた（一七七五年の例）。今日、有料高速道路で区間ごとに料金徴収するシステムと同じである。

スペイン北部ルートは外洋に出るのに、ポルトガルのポルト・ルートとビルバオ・ルートがあった。カスティーリャ王国の隆盛とともに前者が閉鎖されると、ビルバオ・ルートがすべてに優先され、カスティーリャにはオルドゥーニャ峠を抜けてビルバオから原料と生産品が運び込まれ、農業生産物と羊毛がビルバオを通じて全ヨーロッパへ輸出された。エブロ川やドゥエロ川をつなぐ源流の山岳地帯を越えると、ビスカヤの平地に出てくる。その源流の高原地帯にあるリオハなどのブドウ酒も、カンタブリア海沿岸にあるビルバオの港に運ばれた。

街道、それも山道が多い狭い道も道路網の整備が続けられ、一九世紀初めにビルバオ―ドゥランゴ、ビルバオ―ベルメオ、ベルメオ―ドゥランゴ、エロリオ―エルゲタなどの道路網が完成した。旧道オルドゥーニャ経由も整備され、パンコルボ―ビルバオ区間には通行料が新設された。

このようにビルバオはスペイン北部の物流と商業の中心として繁栄した。市内には商業、海運、造船など多くの商社が設立され、銀行も登場した。名門貴族たちが新しいブルジョアと結びつき、ヨーロッパで最も推進力のある都市の一つになった。

鉄と溶鉱炉――産業革命への胎動

ビスカヤの鉱山から採鉱される鉄は古代から知られていた。「ビルバオの鉄と剣」は、イギリスの文豪シェイクスピアの文学作品にも登場する。一六世紀半ば、バスク全体で約四〇〇の古い鍛冶場（製鉄場）が記録されていた。その一つが、一八四八年に最初の高炉を稼働させたサンタ・アナ会社であった（ビルバオ郊外ブルエタに建設）。一八五四年にはイバラ兄弟が市郊外にあるバラカルドに高炉を設置、この高炉が八二年に設立されたビルバオ高炉製鉄株式会社（アルト・オルノス・デ・ビルバオ）の基になった。同じ年、セスタオにビスカヤ金属工業会社がコークス高炉と圧延機を備えて創業した。

一八九四年、ラ・ロブラ―ビルバオ間に鉄道が開設され、ビスカヤの資本によってサベロ炭田が開発された。一九〇二年の企業合併により、前記二社とエチェバリア家とゴイティア家の会社（イベリア株式会社、ブリキ製造）がビスカヤ高炉会社（アルト・オルノス・デ・ビスカヤ）となり、スペイン全体の六〇パーセントの鉄を製造することになった。

製鉄を中心とした重工業の展開は、大量の原料の供給とともに大量な労働力を必要とした。バスクの農村部のみでは間に合わず、他地方から労働力が大量に流入することになる。この「衝撃」が、後述するようにバスクの伝統社会を揺り動かすことになるのである。

金融業の発達

大規模な企業展開には豊富な資本が必要であり、これを賄う金融業が発達した。スペイン最初の銀行は、一四〇一年、バルセロナに開業した「バルセロナ両替貯蓄社」であり、最初の商業銀行は一八四四年創立のバルセロナ銀行（一九二〇年破産）であった。バルセロナに後れをとったが、一八五五年に創業したビルバオ銀行は一八五七年から全国初めて紙幣発行の認可を受け、スペインの銀行中の筆頭銀行になった。

ビルバオ銀行創業当時、ビルバオ市中には一万八〇〇〇人の人口があり、そのうち八五名の金持ち（一〇〇万レアル以上を持つ人）がいた、といわれている。この金持ちたちが商工会議所に集まって、時の大蔵大臣に地方独自の発券銀行の設立を要請し、その権利を得た。しかし発券銀行の特権は一八七四年にスペイン銀行が独占するようになった。

一九〇一年、ビスカヤ銀行が創業、また電気エネルギー業として、スペイン水力電気会社、ビエスゴ電力会社、セビリャーナ会社、イベロ・ドゥエロ会社などが創業し、エネルギー政策に影響を及ぼした。さらに製鉄業の隆盛は鉄道や機械など他分野へ波及し、ベサインでは鉄道車両会社、エイバルとエルゴイバルには自転車製造会社が誕生した。二〇世紀初め、バスク全域には冶金加工の二二の大工場、六五の鋳造工場、二つの製紙工場（ギプスコアに創業、後にスペイン製紙会社となる）、一二の繊維工場、二〇の製粉工場、一八の電気エネルギー製造センター、二五の缶詰工場、二二のセメント工場、五の製材所その他があった。

一九三〇年におけるバスクの経済工業力を示すデータがある（表4）。

これらの数値はバスク経済の隆盛を示すだけではなく、バスクがスペインを代表しているといってもよいほどだ。これは、産業革命の達成がもたらした結果というだけでは済まされない何かがある、と考えることはできないだろうか。産業革命以前、つまり近代以前に形成されたシステムの中でバスクの家、町、地方の特異な血縁や地縁で結びついて発展してきた成果があればこそ、得られた数値であろう。すでに述べてきたように、バスク社

表4　1930年のバスクの経済・工業力（対全スペイン比率）

銀行資本	24%	製鉄	62%
銀行預金	42%	紙生産	71%
スペイン銀行の株	34%	造船	71%
個人預金	33%	海運	69%
漁獲	40%	電力生産	33%
粗鉄生産	78%	化学製品	32%
鉄鋼生産	74%	ガス・電気	35%
コークス生産	65%		

注—Payne, Stanley G., El nacionalismo vasco より

会のシステムは一八世紀後半に外の世界にも影響し、モデルとなるほどに特筆できるものであった。単なる地方に限定されない、世界を越えて普遍性をもつ可能性を秘めていた。

しかし、一九世紀以降の、もとをたどればフランス革命以後の規範は従来のシステムを根底から変えてしまう力を内包していた。バスクの場合には、従来のシステムがビルバオをはじめとした経済の繁栄によって完成度を高めていた一方で、近代のシステムをもたらすことになった産業革命によって伝統的な社会は一変してしまう。

バスクの伝統的な部分は啓蒙主義を受け入れて、歩みは遅いが、農村部など周辺地域と協調しながら経済は順調に伸びていた。ところが、一九世紀からの新しい思想である自由主義とこれに則して行動する自由主義者が、社会の歩みを急速にギア・チェン

表5　1890―1900年のビルバオの人口動態

（単位＝%）

地区＼出生地		ビスカヤ	その他のバスク	旧カスティーリャ	その他のスペイン
労働者地区	1890年	29.49	18.75	34.52	17.24
	1900年	22.66	15.35	36.40	25.58
旧市街(カスコ・ビエホ)	1890年	52.50	14.72	20.20	12.56
	1900年	46.02	16.77	20.36	16.84
新市街(エンサンチェ)	1890年	61.95	11.70	17.07	9.33
	1900年	37.41	15.86	23.88	22.84
ビルバオ全体	1890年	43.14	16.26	26.24	14.35
	1900年	35.33	16.01	26.99	21.66

注―ビルバオ各地区住民を出生地ごとに分類した。Etxebarria Arostegui, M.（参考文献参照）より

表6　1860―1930年の活動人口比率の変化

（単位＝%）

		農牧漁業	製造業	サービス業
アラバ	1860年	60.6	12.9	26.5
	1900年	60.6	15.4	24.0
	1930年	48.4	23.6	28.0
ギプスコア	1860年	54.3	21.8	23.9
	1900年	43.5	31.0	25.5
	1930年	25.0	41.2	33.8
ビスカヤ	1860年	62.3	15.3	22.2
	1900年	51.6	27.0	21.4
	1930年	21.5	47.0	31.5
ナバラ	1860年	59.3	11.2	29.5
	1900年	71.9	11.1	17.0
	1930年	60.2	18.7	21.1

注―Joseba Intxausti 編　Euskal Herria. Historia eta Gizartea による

ジすることでスピードアップしてしまった。そのために、近代以前のシステムとして完成に向かっていたバスクのそれを置いてきぼりにしてしまったのである。日本にたとえれば、明治政府が進める急速な工業化政策が、その前の幕藩体制の各藩独自の産業振興を意味のないものにしてしまったことに似ている。

バスクの工業化によって伝統的な農業社会が変化する。ナバラ地方の純農村地帯でも人口が流出し、工業地帯の人口が急増した。工業地帯であったビスカヤ地方の農村部でも人口が流出した。ビルバオ周辺の鉱山地帯では、バスク以外から流入する人口で占められた。その農村部では都市の生活環境になじまないバスク人の海外移民も続いたが、この流れもやがて少なくなった。海を渡るよりも陸続きの職場である工業地帯への出稼ぎが増え、バスク人のプロレタリアート化が見られた。表5「ビルバオの人口動態」は、これらの傾向を示している。さらに表6にあるように、バスクの社会構造は大きく変わっていくのである。

九　一九世紀「自由主義」の到来とカルリスタ戦争の「敗北」

フランス革命（一七八九年）以降、新しい時代が動き出した。革命によってフランス本家のブルボン朝は崩壊し、スペイン・ブルボン朝も「啓蒙改革」が頓挫して、宮廷内の混乱からカルロス四世とフェルナンド七世父子の二人王が立つ事態となった。この機にナポレオン軍がスペインに乗り込み、スペインに初めて「革命の思想」＝自由主義が持ち込まれた。

一八〇八年、ナポレオン麾下《きか》のフランス軍を放逐する独立戦争が始まった。ナポレオンの侵入に対する反応には二面性があり、もたらされた自由主義に乗って改革を目指す一方で、民衆の反抗に見られたような反ナポレオン（反外国）のナショナリズムが目覚めることになった。

しかし反ナポレオンで立ち上がった民衆も、自由主義の名のもとに導入される、意味不明な新奇なものに不安を抱いたため、多くの人々は旧来の体制や幽閉先のフランスから帰国した王フェルナンド七世を歓迎した。一八三三年、そのスペイン国王フェルナンド七世の死去によって起きた王位継承をめぐる対立が内戦（カルリスタ戦争）に発展した。

この内戦で宮廷内の保守派は王弟カルロスを擁立し、バスク地方を含むスペイン北部を中心に旧体制の維持を求めるカルリスタ（カルロス派）を形成した。内戦には中央と地方、都市と農村の対立という側面も指摘され、旧勢力に対する新興自由主義勢力の挑戦であった。自由主義陣営は、三歳で即位したイサベル女王を擁立し、その母后を摂政にして、新興の商工業者や農業資本家など、まだ強力とはいえなかったブルジョア層を支持基盤にしていた。バスク地方はカルリスタの拠点となったが、ビルバオなど古くからの商業都市は自由主義陣営に与《くみ》した。一方のカルリスタ軍は「神、われらの王、フエロス（地方特殊法）」をスローガンに、マドリードの自由主義スペイン軍と戦ったが、一八三九年八月に敗北し、ベルガラ講和協定によって第一次カルリスタ戦争は終結した。

終戦後に発布された一八三九年一〇月二五日法は、バスク諸地方とナバラのフエロスをスペイン国会で改めて承認したものの、廃止に向けての議論が俎上に載ることになった。一八四一年一〇月、バスク地方の自主的な財政体制と軍事に関する諸特権廃止令が発布されると、マドリードからの中央集権の波がバスク社会に強力に押し寄せてきた。この「敗北」はバスク社会の以後の変貌を予感させるものであった。

このカルリスタの運動は、古《いにしえ》のものを取り戻そうとする一九世紀のロマン主義運動であり、中央に反抗する地方の反乱と欧米や日本では受け取られた。それは、『資本論』の共著者であるエンゲルスの評論（『ニューヨーク・トリビューン』紙への投稿記事）にもみることができる。また明治時代の政治小説である、東海散士の作品（『佳人之奇遇』、明治一八＝一八八五年から八編刊行）には、「カルロス党」の貴女（幽蘭）が同じ境遇にあったアイルランドの女傑（紅蓮）とともに登場している。

一〇　世紀末の大変動――バスク「独立」運動の登場

伝統的な農業社会にいたバスク民衆は、反自由主義の立場に立ってカルリスタ運動に加わったが、敗れた。その敗北について、カルリスタ指導層である旧支配層が結果的には「裏切り」と「妥協」によってマドリード政府と手を結んだためだ、と解釈する立場に共感するものもいた。

一方ではバスク・ブルジョアの中には、工業の急速な進展に対応してマドリード中央政府と手を握り、オルガルキー（少数支配者）を形成し、地方の利害にとらわれない上流社会形成に向かった。またその動きに取り残される地方ブルジョアもいた。一八四一年以降、バスクとカスティーリャの国境《くにざかい》にあった税関がバスク（スペイン）とフランス国境に移ったことなど、特権に裏打ちされた地方の独自性の衰微を象徴しているといえよう。

特権体制下にあったバスクは、カスティーリャの兵役が免除され、国内税関に左右されず、経済的に優遇されていた。加えて、有力家族による町の支配、その家族主義（パテルナリスモ）の維持による利益が保証されていた。一八七六年七月二一日法の発布によって法の平等が課せられるはずであったが、その法は大枠で現実の追認になった。つまり、マドリード政府はフエロス（地方特殊法）を全面的に廃止しようとはしなかった。兵役、納税の義務、初等教育におけるスペイン語使用の義務はその他のスペイン人同様になったが、一八七八年二月の法令でバスク三県の県庁による直接税の徴収など独自な財政運営ができる経済特権（コンシエルト・エコノミコ）が温存され、ナバラ県と中央政府の関係は古くからの行政の骨組みを残す特権（フォラール）体制が維持されたままであった。一八七六年のフエロス廃止の効果はもっぱら農村的な「領主権」の影響を排除して、工業化した新しい都会的なバスク建設に役立った。経済は別ものと考えられたのである。

アラナのバスク「独立」論

サビーノ・アラナ・ゴイリ（一八六五―一九〇三年）は、一八八八年に公刊した著書『歴史・政治の覚書』の中で次のようにバスクをとらえた。

「愛国者を自認する人々がいつも慈しんできたエウスケリア（バスク）は、本当に古くから実在して機能している。（中略）伝統主義は伝統を重んじ、エウスケリアは伝統に従ってスペインから独立していた。……伝統主義の根幹に平等主義がある。中世バスク社会は、独立した小貴族や自由民の国であった。」

「このビスカヤ・ナショナリスモは、なにも新しいものを求める革命的な政治ではなく、一民族が意志に反して失ってきたもの（を回復し）、昔、法的に認められていた自由な状態に復帰したいという復権の政治である。それゆえに、このナショナリスモはビスカヤの真の伝統政治である。……ビスカヤの山々には、その懐に鉄鉱石があるけれども、他にすることがなければ、私は神様にそれを奈落の底に沈めて下さるよう、すべての鉱山を跡形もなく消して下さるように祈る。そうなれば、ビスカヤは貧しくて田園と牧場だけしかなくなるが、それでわれわれ愛国者は幸福になれよう。」

さらに最初の政治的な主張『ビスカヤの独立』（一八九二年）においては、アラナは独立の名によってスペインとカルリスモとも決別して祖国ビスカヤを位置づけ、新聞『ビスカイタラ』（一八九三―九五年）を発行して、政治的な見解を訴えた。ビスカヤ・ナショナリスモの目標は、一八三九年以前に享受していた自由を取り戻すことである。バスクの自由を廃止した法はフエロスに注意を喚起した一八三九年一〇月二五日法であり、第三次カルリスタ戦争が終結した後に法的にバスクの自由を停止した一八七六年七月二一日法はバスクをスペインに従属させたものだが、一八三九年以前の状況を考えると、後者（一八七六年法）はそれほど重要ではないと彼は解釈していた。

すべて三九年法に始まり、この法への反対でバスクは団結しなければならないと主張し、七六年法によるフエロスの廃止は抗議の対象とならなかった。スペイン議会が承認した一八三九年一〇月二五日法の第一条には、「王政の統一体を侵害しないまま、バスク諸県とナバラのフエロスを保証する」とある。スペイン議会がフエロスを承認したことで、バスクの独立は失われたと、彼は逆説的に考えた。三九年法によってすべてが変化し、バスクの習慣も腐敗した、と。七六年よりも三九年を重視したのは、十分な説明はないが、軍事的敗北とともに戦後のバスク支配階級の裏切りを強調するため、と受け取れなくもない。「スペインの植民地化、征服」の神話に、「裏切り」という感情を持ち込むことで敵対の憎悪を植え込んだのである。

一八九三年六月三日、アラナ自らがビスカヤ県ベゴニャにあるララサーバルの「カセリオ」において同志を前に演説し、カルリスモと自由主義を乗り越えようと、独立の考えを明らかにした。バスク社会の変化が加速し、スペイン化政策が進む中で、スペイン主義を拒否し、伝統主義に新しい生命を与えようとする彼の着目は使用用語にも及んだ。伝統的な名称エウスカレリア（バスク語を話す人の国＝バスク）から新しく造った語エウスカディEuzkadiを持ち出した。一八九九年の『エル・コレオ・バスコ』七月号に初めて登場したこの新造語について、彼は一九〇一年三月発行の季刊『エウスカディ』で、バスク語で

「太陽の子孫」を意味するエウスコ Euzko に接尾辞 di をつけて、エウスコたちの集まりを意味するのがエウスカディである、と説明している。バスク民族が太陽の子孫であることを強調し、人種的な意識とその優越性が根源的に備わっているのがエウスカディ、つまりバスクであると説明した。

アラナ流バスク・ナショナリズムは、どのように説かれ、どのように受け取られていたのだろうか。彼がこの問いに答えたところを要約してみよう。バスク民族が容易にわかるのは、学習によって後天的に習得できる言葉を聞くよりも、姓（苗字）をみればよい。それも初めの四つの姓（スペインでは、名前＝クリスチャン・ネームのあとに父方の姓と母方の姓を並べる）。つまり、三代にわたって双方の親の姓がバスクのものであることがバスク人に求められる、と彼は説いた。この形が完成したのは一九〇六年であり、二二年まで繰り返し党員に指令された。アラナ自身も婚約者の姓にカスティーリャの名があったので婚約を破棄した。そして党員（バスク）同士の結婚を勧めた。さらに「すべての外からの要素を追い出すこと……」。これがバスク民族救出の手段であると、彼はいったのである。

アラナは、バスク古語に従い、外人をマケト（maketo）と呼び、敵対の対象とした。しかし、現状は移民の数が増大し、先の表5でもわかるように生粋のバスク人の割合は、減少し続けていた。

アラナの政治活動

一八七六年体制下における初等義務教育の導入によって、その使用言語がスペイン語(カスティーリャ語)となり、バスク人内部では危機感が増した。教育制度については、市町村レベルで教育機関を監督していたが、一八五四年から中央政府に管轄が移管し、公教育法によって教師派遣の権限も握られてしまい、初等中等教育からバスク語の追放が意図された。一九〇一年初等教育法によって教育統制はさらに強化された。

「外人との接触によってバスク的な要素が消されていく。民族は一度消えると、取り戻せないが、言語は一時的に失われても取り戻せる」というアラナは、バスク語の復活と普及を示唆した。しかし、当時のバスクの言語事情は、バスク・ナショナリズムにとって「逆境」であった。工業化と人口動態の変化によって、民族しかり、言語しかり、アラナの主張を取り巻く環境は、まさに厳しいものであったのである。

一八九四年、アラナは政治組織を設立して政治活動へ「突入」した。しかし、あまりに過激な発言から翌九五年八月二八日に彼は身柄を拘束され、ラリナガ刑務所に投獄された。アラナは一〇月八日に出獄したものの、その前の九月に政治本部は閉鎖されていた。さらに転機となったのは、一八九八年だった。同年四月に(スペインからの)キューバ独立運動が活発になると、ビルバオでは独立反対の抗議デモがあり、アラナの自宅も投石を受けた。その時、彼は時期の到来と判断し、その年の県会議員選挙にバスク民族党の名で立候補し、四五〇〇票を獲得して当選した。翌年にはビルバオ市議会にバスク民族党から五名が当選し、彼は公党の党首になった。

ところが、一八九八年、キューバ独立をめぐる米西戦争の敗北により、キューバのみならず、プエルトリコ、フィリピン、グアムを失い、スペインは残っていたすべての海外領土を喪失することになった。スペイン「植民地帝国」の終焉である。

一九〇二年、アメリカ合衆国のルーズベルト大統領がキューバ独立を承認すると、同年五月二五日にアラナ自らが同大統領に祝電を送った。しかし、その電報は配送されず、電信局に残されたままだった。この電報が発覚し、スペイン政府侮辱の容疑により、彼は再び身柄を拘束され、刑務所に入った。一一月には出獄したが、彼は生来の病弱もあって病が進行し、翌〇三年一一月二三日に死去した。

彼に終始付き添った兄ルイスは、弟サビーノの死後、バスク・ナショナリズムが出発時のまま独立まで進むべきか、議会活動等を介して地方自治を目指す方向に路線を転換すべきかの岐路に立ち、弟サビーノの地方自治路線への方針「転換」をはっきり理解しながらも、初期の理念に忠実に独立路線を貫き、党の運営に力を注いだ。しかし結果として、自治への方向転換を求める、大企業の躍進におくれをとった中小ブルジョアの支援を受けた勢力が拡張した。兄ルイスの「純粋派」は、時々に急進派と結びついて頭をもたげる少数勢力になった。

サビーノ・アラナの命取りとなった有名な電報は次の内容であった。

「バスク民族党の名において私は独立したキューバを祝福します。（合衆国とキューバの）諸君が主役である同盟は服従から解放できた。諸君たちの強力な同盟がヨーロッパの大国、とりわけラテン系諸国にとって史上かつてなかった、比類ない寛容と上質な正義と自由の手本を示している。もしもヨーロッパが同様になったとしても、太古以来の、自由を最も享受していた民族の国バスクは、合衆国が賞賛した規範に導かれているので自由のままである。」

キューバ独立を承認するアメリカ合衆国を讃えながら、バスク民族主義を国際的に認知させようと、彼は意図していた。しかし、この電報は配達されなかったのである。

アメリカ合衆国がスペインを破り、キューバ独立の端を開いた米西戦争の一〇〇周年記念の一九九八年に、この電報の写真ファクシミリが現在のキューバ政府に届けられた。アラナの後継者たちは宛名のアメリカ合衆国ではなく、その大国と戦うキューバに祝電を届けたのである（アラナについては一六五頁以下も参照）。

ウナムーノと社会主義

サビーノ・アラナが著作の中でも名前を挙げて意識的に反論した相手は、同郷のビルバオ人ミゲール・デ・ウナムーノであった。ウナムーノは後に現代スペイン最高の哲学者の一人と評価されるが、初め社会主義運動に共鳴し、その立場からアラナの運動を批判した。社会主義運動はバスクの工業化に伴って流れ込んできた労働者を背景にして広がり、以後もスペイン全体におけるこの運動の中心はバスクであった。その支持者の多くは移民労働者であり、保守的なバスク批判を展開することは当然であり、プロレタリアートとバスクの資本家という対立軸からも批判勢力を形成するのも当然であった。しかし、バスク出身者で社会主義運動に共鳴したトマス・メアべやこのウナムーノは、どちらかといえば人道主義的な面が強く出ていた。ビスカヤ社会主義運動の機関紙として創刊された『階級闘争』紙の編集に加わったウナムーノは、バスク・ナショナリズムの政策が反・非バスク主義、排外主義の民族路線であり、バスク中産階級による没階級政党を根幹に置くものと批判する。客観的な基準のない、その意味では科学的でない政党への批判でもあった。

ミゲール・デ・ウナムーノは一八六四年、ビルバオに生まれた。父は若い時にメキシコへ渡り資金を作って帰国、ビルバオで菓子店を開業した。その帰国時に年若い姪と結婚、その第三子がミゲールである。父は独学の人で、メキシコから歴史、法律、哲学、社会科学の本を持ち帰り、息子のミゲールがそれらを読んだ。

一八七三年、ビルバオに立て籠る自由主義派にカルリスタが砲撃を加える事件があった。彼は、九歳のときのこの体験を、心躍る、感動的で新奇なことと考えた。彼は一六歳になると、マドリードへ出てマドリード大学文学部に学んだ。一八八四年、博士課程を優秀な成績で修了すると、ビルバオに帰り、ラテン語の代用教員、また心理学、論理学、倫理学の個人教授もした。教員資格試験にはたびたび失敗した。バスク語の教員試験も受けるが、これも失敗した。なおこの試験にはアラナも受験しているが、同様に不合格だった。

一八八〇年の最初の論文発表から九一年にサラマンカ大学ギリシア語教授試験に合格するまで、ウナムーノはビルバオで著作、新聞・雑誌への投稿、前出の社会主義新聞の編集に時間を費やした。サラマンカ大学教授の傍ら、一八九四年にビルバオの社会主義グループに参加、ドイツの社会主義紙に協力し、スペイン社会労働党創始者パブロ・イグレシアスと友人になった。

一九〇〇年に彼はサラマンカ大学学長に就任した。一九二〇年、スペイン国王アルフォンソ一三世宛てを擬した論文「大洪水の前に」が体制批判と受け取られ、裁判で有罪となって懲役一六年が宣告された。この口禍事件は彼に失職を余儀なくさせたが、同僚たちが弁護して彼をサラマンカ大学の副学長に選出、事件が沈静化した。ところが一九二三年にプリモ・デ・リベラ独裁が始まり、立憲議会主義の「自由主義」体制が崩壊すると、これに反論したために彼は停職処分となり、今回は政治犯として大西洋上カナリア諸島フェルテベントゥラに追放された。ここに約四ヵ月、留まった後、脱出してスペインとの国境の町フランスバスクのエンダヤに移り住んだ。

一九三〇年に独裁制が崩壊し、帰国した彼を教育相はギリシア語とスペイン語史講座への復帰を認めた。翌三一年四月、共和制が樹立されると、彼はサラマンカ市役所のバルコニーから「尊大にも私がこの広場で共和制を宣言することを許してください」と演説、サラマンカ大学終身学長に就任し、憲法制定議会の議員に当選した。その議会では共和主義ブロックのメンバーに所属したが、政党には興味がないとインタヴューに答えている。

ウナムーノ——魂の救済

ウナムーノは共和国に大きな期待を抱いていたが、その進展に好意的ではなかった。一九三三年、「個人の権利が失墜してしまったので、わたしは体制に満足ではない」と、政治から身を引いた。三六年七月、スペイン内戦が勃発すると、彼はサラマンカで開催された反乱軍（フランコ軍）側の集会で演説した。「マドリード政府とその代表者は気が迷ってしまった。文字通り、気まぐれだ。この闘争は自由な共和国に反対する戦いではなく、文明をめぐる戦いである。マドリードが代表するものは社会主義でも、民主主義でも、共産主義ですらない。あらゆるものに付随するアナーキー、この恐ろしい言葉が想定するのはアナーキー……。私は右翼でも左翼でもない。私は変わったわけでもない。どんなことが起きても、私は確実にいつものように勝ち誇った者に反対するであろう。」

一九三六年八月二二日、アサーニャ共和国大統領がマドリードの官報でウナムーノの終身学長の職を解いた。すると九月一日、反乱軍陣営の最高指導者カバネーリャス将軍がウナムーノの同じ職への復職に署名した。しかし、一〇月二二日に新しく国家首長となったフランコ将軍が再び彼を解職した。この「混乱」は、誰にも与しないウナムーノの「自我」の強さに周りが翻弄されているかのようにみえる。ウナムーノはただ自分自身を信じていた。

同三六年一二月三一日、バルトロメ・アラゴン教授がサラマンカの自宅にウナムーノを訪れ、会話した。「時々、神がスペインに背を向けてしまっただろうか、と考えます」とアラゴン教授が言うと、ウナムーノは机を叩いて叫んだ。「いや、それはあり得ない。神はスペインに背を向けることはできない。スペインは自らを救済するだろう、自ら救済しなければならないから。」その後、彼はあごを胸に沈めた。身動きしなくなった。履いたままの靴が炉燵《こたつ》に使用していた火鉢の中で焦げていた。彼はもう答えなかった。常に戦ってきたバスク人の最期だった。

その対象は諸々だが、バスク人はいつも戦っている。ミゲール・デ・ウナムーノもサビーノ・アラナも。その戦いのテーマは今でも生きている。ウナムーノは魂の救済によってバスクのみならずスペインの再生を、アラナはバスク語の復活によってバスクの再興、独立を目指して戦ったのである。

第3章

スペイン内戦とバスクの「大義」

ドイツ・コンドル兵団による無差別空爆に動かされて制作したピカソの「ゲルニカ」(1937年。マドリッドのプラド美術館蔵。本文134頁参照)

一　バスク「大統領」——ホセ・アントニオ・アギーレ

バスク自治憲章の起草

第二共和国（一九三一―三六年）時代はスペインに民主主義が初めて到来し、その試行錯誤の期間であった。第二共和国憲法はドイツのワイマール憲法と並ぶ民主的憲法の代表であり、近代化に遅れたスペインの諸問題を一気に解決しようとする特効薬だった。この憲法に明記された社会改革の一つに地方自治の導入があった。多様なスペインにあって、カタルーニャ、バスク、ガリシアは特段にその他の地方と民族と言語と文化が異なっていた。前の二地方はそれぞれの地方自治憲章作成に邁進した。バスクの作業過程は、新しい時代の到来に柔軟に対応する「若い政治世代」の出番でもあった。

ビルバオのチョコレート（カカオ）取引を賄うカルリスタ系一家にも時代の変化は押し寄せた。一九世紀末、町の多くの商人がそうであったように、この一家もナショナリスタ、つまりバスク・ナショナリズム支持に宗旨変えしていた。一九〇四年三月六日、ホセ・アントニオ・アギーレは生まれた。彼はデウスト大学で法学を学び、卒業後弁護士事務所を開いた。学生当時からビスカヤのカトリック青年部の委員長を務め、ビルバオのシンボル的な存在であるサッカーの「アスレティック・クラブ」に所属した。

アギーレは、プリモ・デ・リベラ軍事独裁が崩壊した後、最初の選挙となった地方選挙（一九三一年四月一二日投票）でビルバオ郊外のゲチョ町長に当選した。この選挙が、結局は王政が崩壊する契機となり、第二共和国が成立した。共和国の到来によってカタルーニャ地方に地方自治獲得の可能性が出てきたので、バスク地方でも自分たちの自治憲章案作成の気運が生まれたのである。そこでアギーレはその中心的役割を担ってバスク三県、ナバラの市町村長代表を集め、バスク自治憲章（エステーリャ憲章）を作成した。彼の高潔で誠実な性格は、集まったエステーリャの場においても、またその後のゲルニカの集会においても発揮され、弁士として簡潔でストレートな演説が評判になった。サッカーのプレーにたとえて、彼は堅実で、飾り気がないが、ゴールまでボールを運ぶ、と評された。

一九三一年六月総選挙において、彼はバスク民族党（PNV）から代議士に当選し、憲法制定議会議員になった。その立憲議会でナバラの旧カルリスタ系保守勢力（伝統主義党）と合同して先のバスク自治憲章案を提出したが、共和左派・社会労働党を中心にした左派連立政権は九月にその案を廃案にした。同年一二月、共和国憲法（地方自治条項を含む）

が成立すると、バスク四県合同委員会が設立され、再び自治憲章案作成が審議された。カトリック政党であるバスク民族党に対し、左からは与党側に立つバスク地方の左派勢力が政党の宗教性に異議を申し立て、右からはナバラの伝統主義党が草案の宗教条項の扱いに反論した。しかし、成案を得てこれを住民投票に掛けることになった。この法的な手続きに従って多数票が得られなかったナバラを切り離し、一一月五日住民投票で支持を受けた草案は、三県の合意に基づいて国会に上程された。

一九三三年一一月一九日の総選挙の結果、右派が勝利し政権交代となった。アギーレはバスク民族党の国会リーダーとして右派に働きかけ、カタルーニャとガリシアを加えて「地方ブロック」構想も提案したが、保守右派の反対によって再び自治案はつぶされた。翌年六月、地方行政への中央官庁の締め付けに対して、アギーレ率いるバスク民族党はカタルーニャとともに反発、ビスカヤ県選出の社会労働党リーダーであり、政権交代で下野した前蔵相インダレシオ・プリエトに接近した。

プリエトはアストゥリア地方オビエドに生まれたが、父の死によって六歳からビルバオへ移住した。一六歳で社会労働党に入党、社会主義青年同盟の幹部となった。速記者から新聞記者として活躍、一九一一年にはビルバオ市議会議員に当選した。古い労働運動指導者と対立しながら、共和主義勢力との選挙同盟に成功して、一八年の総選挙で当選、バスクからの初めての社会労働党代議士となった。改良主義路線、党穏健派のリーダーとして党内地位を確保、ビルバオでは日刊紙『エル・リベラル』を買収して社主になり、企業活動にも参加した。

　プリエトによれば、バスク民族党の性格は分離主義、反自由主義、反民主主義であり、彼の反教権主義（反カトリック）の立場からすると、バスクは敬虔なカトリック教徒が多く、「バチカンのジブラルタル（橋頭《きょうとう》堡《ほ》）」であった。軍事独裁時代には、社会労働党リーダーとして秘密地下活動を指導、第二共和国の左派政権では蔵相に就任した。このような経歴、政治歴からもわかるように、彼は「バスクの政治家」を自認していた。

　一九三四年一〇月革命事件前、九月にプリエトが主宰するカタルーニャとバスク代表が集うスマラガ集会に与党右派勢力が反発、治安警察を導入して集会の阻止に出た。これに対してアギーレは不介入の立場を固持しながらも、反政府へ傾き始めた。一〇月に左派勢力は「革命蜂起」したが、政府は軍を投入して事態を収拾した（一九三四年一〇月革命事件）。

　一一月、国会が再開され、バスク民族党は中道・右派政権に信任投票した。しかし、国会演説でアギーレがバスク弾圧を批判、これに対して伝統主義派の代議士が「スペイン万歳、セニョール・アギーレ」と野次を飛ばした。これに答えて「確かに、スペイン万歳。

しかし、我々民族にとって自由なスペイン万歳」と斬り返した。さらに右派の批判に彼は新聞紙上で答えた。「バスク・ナショナリスモは、政治組織ではない。このナショナリスモは大地に神命が下され、自由が威厳ある完全なものであることを求めるような、（神に）啓発された一つの理念である」と。

スペイン内戦とアギーレ「大統領」

一九三六年二月の「人民戦線選挙」において左翼連合が勝利し、再び政権交代となった。バスク民族党は独自な選挙戦を展開、左右両陣営から批判を受けた。同年一月、選挙戦が始まると、アギーレはじめ代表団がバチカンを訪問、キリスト教精神に基づく政治行動を訴えて教皇謁見を求めたが、拒否された。スペインにはカトリック政党ＣＥＤＡ（セダ、政権与党）がある、との理由であった。アギーレたちの選挙スローガン「キリスト教文化、祖国の自由、社会正義のために」にあるように、彼らは社会正義を求め、資本主義社会の不正を批判しながら選挙戦を戦った。二月二六日の投票結果は、バスク地方内でバスク民族党五議席、人民戦線五議席、右派ブロック九議席（そのうちナバラ地方が七議席）、三月の第二回投票による確定議席は、バスク民族党九議席、人民戦線七議席、右派ブロック八議席でバスク地方では第一党になった。全国においては人民戦線が勝利し、左翼が政権を取り戻した。これに反発する右派と軍部の一部は、フランシスコ・フランコ将軍によるクーデタ宣言を出し、七月一八日にスペイン内戦が始まった。

左右政治勢力の分裂のなか、樹立されたばかりの左翼政権には「人民戦線」(選挙協定)の中心にいた社会労働党が入閣しなかったために、弱体政権と揶揄された。プリエトは人民戦線維持のためにバスク民族党を誘い、自治憲章の早期実現を約束してバスク民族党からの閣僚の入閣を要請した。一〇月一日、首都移転に伴いバレンシアに移った共和国国会において、バスク自治憲章が承認され、七日にバスク自治政府が成立した。アギーレがその首班(レンダカリ)に指名され、彼は「内戦は民主主義とファシズムの戦いであり、バスク・ナショナリスタは民主主義を守り、ファシズムの崩壊まで戦う」と宣言した。

バスク自治政府が成立した当時の領域は、ビスカヤとギプスコアの一部であった。その他の地域は反乱軍、後のフランコ軍が占領し、フランス国境も占拠されて、バスク自治政府は拠点であったビルバオを中心に包囲された形であった。三七年六月、ビルバオが陥落し、西方へ逃れる途中、サントーニャの港町で義勇軍の形で参戦していたイタリア軍との「単独講和」を画策したが、フランコ軍が急遽乗り込んできてこれを阻止した。以後、バスク自治政府は完全に支配領域を失った亡命政府となった。

バスクとスペイン内戦との関わりは、他の党派よりも短い期間であったものの、内戦の勝者であるフランコ陣営に対する抵抗勢力としては、長く執拗な運動を展開した。内戦中のバスク内における出来事や事件は、その後長くバスク人が耐えねばならなかった苦難の端緒となった。しかしバスク「独立」は短期間であったが、自治政府の形で目に見えるものとして初めて歴史に刻み込まれた、という「感傷」を生むことになった。そのリーダーは「大統領」ホセ・アントニオ・アギーレであり、彼はカリスマ性を帯びることになる。

バスク語「レンダカリ」はスペイン語「プレジデンテ」であり、大統領または首相とも訳すことができる。現在の自治州政府の行政の長は首班と訳されるが、アギーレの場合は共和国政府から距離を保ちながら独自な行動をとっていた。しかも一九三七年六月に亡命を余儀なくされ、共和国の拠点バルセロナに一時逃れた時期を除けば、ほとんどスペイン国外に身を置き、バスク人抵抗勢力のカリスマ的なリーダーであった。したがってレンダカリ=大統領の呼称が彼には相応しいかもしれない。「レンダカリ」という用語自体は前例がないものだったので、なおさら「独立」した国家の指導者は大統領でなければならなかったのであろう。とはいえ、亡命を余儀なくされ、「国家」の実体はなかったのであるが。

アギーレ「大統領」は亡命先から機会あるたびにバスク人に語りかけた。共和国、内戦と続く急展開の歴史の中で、民主主義とともにバスク自治が達成されたという認識が彼にはあった。

「バスク人は新しい人間類型をつくり上げてきた。その新しい型は、バスク人の指導により現在、またはわれわれの子供たちの世代である将来のみならず、現代における政治哲学そのものに影響を及ぼすであろう。バスク人たちの伝統的な民主主義観は力強く、以下のような至福な考えに貢献してきた。民主的なキリスト教、民主主義の原則に立脚した自由主義、そして人道的な社会主義。つまり民主主義の原則に忠実であるこれらの理念は、共通の名のもとに、人類が求める政治的、社会的自由を尊重し、一つの試みを実現する上で、欠くべからざる要因である。」これは、一九五六年開催された「バスク世界大会」における演説で、一九三六〜五六年を回顧する内容であり、バスクの「大義」を説くものであった。彼が主張するバスク民主主義の根底には、バスク民族の伝統的な「平等主義」の考えがある。その「平等主義」に基づけば、バスク人は神に祝福を受けた独立的な民族である、ということになる。

バスク自治政府が撤退した後に残ったのもバスク人である。共和国政府は撤退に際し、敵に利することなくバスク工業施設の破壊を要請したが、アギーレはこの命令を拒否した。自らの撤退後、やって来るのもバスク人であり、バスク人のために施設が必要との判断である。その残ったバスク人、一九三七年七月八日、占領後のビルバオ市長に就任したホセ・マリア・デ・アレイルサは演説した。

「勝者と敗者がいる。統一された偉大で自由なスペインが勝利した。つまりファランへ・伝統主義者のスペインである。このスペインは、エウスカディと呼ぶもう一方のプリエト派の社会主義とビスカイタラ（バスク語でビスカヤ人）の愚鈍な一派が合体した不吉で残忍な恐るべき悪夢を、永遠に打ち負かし絶滅した。」

このスペイン主義とバスク地方意識の強い政治家はバスク・ブルジョアの中心的な家の出身者であり、バスクが戦後のスペイン経済の支柱になるように指導し、フランコ時代、ポスト・フランコ時代においても外相など重要閣僚にも就任して中央政界の重鎮になった。

バスクの外に去ったアギーレなど亡命指導者は、バスクの「大義」を訴えたが、第二次世界大戦中、また戦後多くの陣営がそうであったように大国アメリカ合衆国の援助に期待する楽観主義に陥る傾向があった。

二　ゲルニカ事件——バスクの「大義」キャンペーン

スペイン内戦とバスクを語る時、一九三七年四月二六日の事件を抜かせない。その日午後四時半ごろから約三時間、ドイツのコンドル兵団を中心に、さらにあまり言及されないがイタリア軍飛行機も参加して、人口七〇〇〇人のバスクの町ゲルニカを爆撃した。同年三月末日からスペイン内戦の主戦場は北部戦線に展開した。国民戦線（反乱軍）の北部軍がバスクの町に総攻撃をかけ、ドゥランゴの町に続きゲルニカが空襲された。二五〇キロ、五〇キロ爆弾と焼夷弾が投下され中心街三〇〇家屋の建物七一パーセントが破壊されたが、議事堂とバスク自治の象徴として唯一残っていた聖なる「オークの木」は火災を免れた（六七頁も参照）。犠牲者の数は三日後に占領した国民戦線軍による情報封鎖によって不確かだが、二〇〇前後から一六五四の死者の数があげられ論議されている。

爆撃の第一報である『ザ・タイムス』紙特派員ジョージ・スティアの記事から世界の新聞がこれを取り上げて、論争の的になった。サラマンカのフランコ将軍の司令部は共和派の民兵が退却の時に火を放ったと報道を否定したが、バスク自治政府はゲルニカの蛮行を非難するキャンペーンを展開、それまで国民戦線支持の西欧のカトリック世論を味方に付けた。このことは戦争報道の宣伝戦の典型的な例に取り上げられている。また史上初の都市無差別爆撃で、第二次世界大戦の都市爆撃の先例だった。パリにいたピカソはこの事件を耳にして、爆撃で死んでいった人間、動物をモチーフにパリ万国博のスペイン館壁画に「ゲルニカ」を制作した（三七年五月。第三章扉参照）。

ゲルニカ爆撃については諸説あった。犯罪が迷宮化し、冤罪が起こる背景に初動捜査の誤りがあるが、筆者はゲルニカ爆撃の真相究明が議論される時にこのことを思った。後述する敵対する両陣営が発表した声明は、戦後長い時間が経過しても双方譲れないものになってしまった。フランコ派は空爆さえも否定するし、被害状況も矮小化した。

筆者はデウスト大学留学中の一九七八年にこの真相究明スタッフに関わったことがある。爆撃被害から奇跡的に逃れたゲルニカの議事堂で開催された「究明委員会」において、アメリカ人研究者サウスワースが著作（『ゲルニカの破壊』）に取り上げた「事件報道」の詳細を明らかにし、質疑応答した。さらに指導を受けていたデウスト大学教授ガルシア・デ・コルタサルには、ゲルニカ爆撃五〇周年の年、東京で現地報告の形で「真相」を語る講演会にメイン・スピーカーになってもらった。

その後、筆者は「戦争報道」をテーマにゲルニカ爆撃が日本にいかに伝わったかについて調査した。爆撃を受けた側のバスク政府がこの事件を「バスクの大義（正義）」を訴える戦争プロパガンダに利用したことから、日本でどのように受容されたかが、調査テーマとなった。その際にゲルニカ爆撃直前、隣町のドゥランゴが爆撃を受けていて被害がゲルニカに匹敵し、見方によってはこれを上回ることもわかった。奇妙なことにドゥランゴ爆撃は日本に報道されたのに数日後のゲルニカは当初報道されていない。ここに報道規制をはじめ、初動における諸問題が発生したことがうかがえる。前述のとおり爆撃直後の実態は『ザ・タイムス』記者によって発信され、反乱軍（フランコ）側を重点に特派員を派遣したフランスを除く欧米（特にイギリス、アメリカ合衆国）には報道されていたにもかかわらず、である。

いずれにしても、ゲルニカへの都市無差別爆撃を疑う者はなく、第二次世界大戦における「戦略爆撃」の実験が行われたことは事実であった。

事件直後に、アギーレは声明を出した。

「スペインの反乱側についたドイツの飛行機がゲルニカを爆撃し、すべてのバスク人が崇める歴史的な町を焼き尽くした。それらの飛行機はわれわれの愛国精神の最も感じ入れるところでわれわれを傷つけようとした。エウスカディ（祖国バスク）が何世紀にもわたって自由と民主主義の聖なる御堂の場所とさえ言えるところを、ためらいもなく破壊する者たちに何も期待することができないことを何度も示しながら。この屈辱に対して、すべてのバスク人は激しく抗議しなければならない。そして、われわれ民族の考えを必要とあらば、強い執念と英雄心でもって守ることを心から誓う。われわれは事態の重大さを隠すことができない。もし、われわれの精神を力強く確固として高めながら、われわれが侵入者を打ち負かすと誓うならば、侵入者は決して勝利しないであろう。」（二七日夜、アギーレ）

「嘘つけ、アギーレ。卑劣な嘘つき。第一に、国民戦線にはドイツの飛行機も外国の飛行機もない。スペインの飛行機はあるが、気高く、勇ましいスペインの飛行機はロシアやフランス製の外国人操縦士が操る赤の飛行機といつも戦っている。第二には、ゲルニカはわれわれによって焼かれたのではない。フランコのスペインは、火付けはしない。放火の松明はイルンの火付けどものものだ。その者どもがエイバールを焼き、トレドのアルカーサルの守備隊を生きたまま焼こうとした。」（二七日夜、フランコ陣営のサラマンカからのラジオ放送）

「われわれの判断を委ねるべき神と歴史に対して、私は三時間半にわたってドイツの飛行機がかつてない残忍さでもって歴史的な町ゲルニカの無防備な市民を爆撃したと言明する。町を灰にし、機銃掃射で女や子供を追い回した。彼らの多数は死んでしまった。その間、恐怖から逃げ回ったものもいた。」（二九日、アギーレ）

『ザ・タイムス』特派員ジョージ・スティアは、その第一報において「ゲルニカは軍事目標ではなく、……バスク民族の揺籃の地の破壊」と断言した。これはニュース現場には途中までしか行けず、バスク政府首脳に取材をして完成した記事であった。もちろんアギーレの主張と一致する。欧米に広まったゲルニカ報道から、すでに「バスクの大義」キャンペーンが始まっていた。アギーレの相談役であったオナインディア神父が、「バスクの大義」を訴えにフランス、バチカンへ向かった。このようにして「バスク民族の揺籃の地の破壊」が定着したのである。

三　戦争難民の発生

スペイン内戦は大量な戦争「難民」を生んだ。難民の国際的保護は、今日ジュネーブ条約（一九五一年「難民の地位に関する条約」）によって明文化されている。それ以前、第一次世界大戦後の戦争による最も大きな集団移住（戦争難民）はスペイン内戦に起因した。祖国を追われ外交上のいかなる支持も失った者は、国際赤十字と個人の努力によって救済された時代の話である。まだ国際条約がない段階での大量難民の発生にどのような対応がなされたであろうか。

一九三九年、フランコ軍が共和国陣営の最後の拠点カタルーニャを総攻撃すると、一月二七日から二月一〇日に四七万人がフランス国境を越え、北アフリカへ一万五〇〇〇人、ソ連へ六〇〇〇人（それ以前の子供たちの疎開を含む）が逃れた。フランスでは共和派兵士が収容所に、民間人が避難所に収容されて物質的な援助を受けた。この大量脱出以前の三七年には、バスク陥落と共にバスク難民がフランスに避難、その数は一万九〇〇〇人、その他イギリス、オランダ、ソ連へ約二万人のバスクの子供たちが親元を離れて「疎開」した。

スペイン内戦の終結やナチスのフランス侵攻による途中帰国者を除くと、最終的に一六万二〇〇〇人が政治的な理由で亡命者としてスペインを去った。この数字はバスク政府が作成したもので、亡命ルートが多岐にわたるために不明な部分も多々あるが、その後の調査によってほぼ正確な数字であったといわれる。

共和国を支援したのは、政府レベルではソ連とメキシコであった。南米の少なからぬ国々はスペインとの関係は深いが、保守的な政権であり、唯一メキシコが共和国を支援、その大統領カルデナスが「ファシストの犠牲者」を受け入れた。メキシコの救援は、一九三七年五月バレンシア港からメキシコへ渡った「モレリアの子供たち」が最初であった。カルデナス大統領の故郷（モレリア）に共和国陣営の子供二〇〇名の疎開、避難を受け入れたことに始まり、以後総計四八〇名がそこに収容された。

バスクの子供たちの集団疎開は、一九三七年六月にバスク自治政府の拠点ビルバオが陥落する直前の五月、六月に集中的に見られた。バスクの港から、三万人以上の子供たちが親元を離れて、フランス、ベルギー、イギリス、ソ連へ向かった。その後、共和国陣営は敗れ、帰国したくても帰る親元のない子供たちの難民も発生した。

一九三九年九月初め第二次世界大戦が勃発、ドイツがフランスを侵攻したのでフランス政府に代わって、メキシコ政府は内戦犠牲者の保護に乗り出した。その脱出は、それぞれパリにスペイン内戦終結直前の三九年三月に設立されたネグリン共和国首相系「スペイン難民脱出機関」と元閣僚プリエト系「スペイン共和派救援評議会」が主導した。

カルデナス大統領は自らの権限でフランスへ商船を派遣、メキシコへ難民を脱出させた。三七年から四二年まで一万四〇〇〇から二万六〇〇〇人がメキシコに到着、最後の段階に共和国亡命政府要人が到着した。これらの記録はバスク亡命政府へ報告されたものであり、プリエトの資金はもともとの共和国資金にバスクが調達したものを含み、その使い道がバスク人に過剰に割り当てられた、と他地方の人は批判している。つまり、内戦終結時の大混乱の中で組織的に行動できたのは、すでに三七年六月段階で亡命政府を結成し、アメリカやフランスバスク（フランス）にネットワークをもつバスク人であり、救援の主体にならざるを得なかったのである。

カルデナス大統領は、すでに三八年に「メキシコ・スペインの家（カサ・デ・エスパーニャ）」を設置し、スペインの知識人をここに招待して内戦中の故国ではできない研究や創作活動の継続を支援した。この団体は四〇年に高等教育研究機関「コレヒオ・メヒコ」

になった。三九年五月に設立された「メキシコ・スペイン人援助技術委員会」がこれらの活動を統括した。スペインの知識人の大量移動は、三〇年代のスペイン文化がそのままメキシコに移ってくることを意味した。メキシコに次々と設立された学術機関をはじめ、先の「援助技術委員会」が企画した各種の企業、経済、文化(出版)は、今日でもメキシコ社会の各分野に影響を与えている。一九四五年八月、メキシコはスペイン共和国亡命政府樹立を認め、一九七五年フランコが死去し、フランコ政権が崩壊するまでスペインとは国交を断絶したままだった。

この反フランコの抵抗運動の拠点であるメキシコは、スペイン国内の反体制運動組織に寛容であり、バスク民族運動急進派など本国を追われた活動家たちの避難所ともなった。

四　バスク亡命政府とアメリカ合衆国

アメリカに流入したバスク難民

スペイン内戦当時の一九三八年、バスク亡命政府の代表部はニューヨークに拠点を置き、アメリカ合衆国各地のバスク人との連携を推進するために、人口分布調査を実施した。この調査によれば、西部では最も多いカリフォルニア州に二万五〇〇〇名、アイダホ州八〇〇〇名、その他オレゴン、ネバダ、ユタの各州にあわせて約四万名が居住していた。バスク移民が大西洋を渡って上陸し、まず到着する街ニューヨークは、東部における移民の中心である。一九二〇年時点では八〇〇〇から一万名がニューヨークのチェリー・ストリート周辺に集住していたが、三八年の調査結果には約四〇〇家族、二五〇〇から三〇〇〇名が記録されるにすぎなかった。二〇年から三八年までに三分の二が減少したのは、新しい職をみつけ、ニューヨークを後にしてペンシルベニアやニュージャージーの鉱山に落ち着いたことによる。

東部のバスク人はスペイン・ビスカヤ地方の出身者が多かった。本国ではすでに故郷がフランコ陣営に占領されており、バスク亡命政府代表部がニューヨークに拠点を移すと、すぐにバスク人社会は政治に染まり、政治論議が活発になった。バスク亡命政府はバスク民族運動のプロパガンダ、本国での自治政府の再建を目的にアメリカ合衆国で活動したが、スペイン内戦に対する滞米バスク人の感情は錯綜していて、態度を明確にすることができなかった。なぜならば、バスク民族の悲願であった自治政府の樹立とその敗北、カトリック擁護のために戦う（と、当時は一般に受け取られていた）フランコ陣営と親共産主義のスペイン共和国という状勢の下、敬虔なカトリック信者が多いバスク移民にとって、フランコ陣営に共感を示しながらも、バスク自治政府が共和国の側に立ち、フランコ軍に敗れてしまったことは、複雑な立場を強いたからである。ましてアメリカ合衆国において共産主義の側に立って政治を論ずるには、勇気が必要であった。

アメリカ東部のバスク人社会はバスク亡命政府代表部が展開するバスク・キャンペーンに同調したが、西部では事情が異なっていた。西部のバスク系住民のジレンマは次のエピソードに集約されよう。本国の同胞を案じながら、政治的経済的支援のできないバスク人たちは、牧羊者たちが中心になってダンスパーティを開き、その収益から本国で監獄に入っているバスク婦人のために一〇〇〇枚の毛布を購入して送った。アイダホ州ボイシにおける話である。アメリカ西部では、本国の人道的な問題に反応はしたにしても、政治に巻き込まれるのは好まざることだった。

政治論議は東部に集中していた。しかし、強い反共産主義感情はフランコ支持派に利用されたといえる。バスク人女性と結婚したウィリアム・ハートは、ボイシのバスク人ホテル業者の支援を受けて、「スペインバスク・アメリカ人独立協会」を設立した。この協会は反共産主義の声明を出し、スペイン内戦を第三インターナショナルの陰謀とした。さらに同協会はバスク亡命政府の活動も共産主義のそれとみなしていた。

アメリカ合衆国が一九四一年末から第二次世界大戦に参戦すると、合衆国政府はスペインのフランコを敵国ドイツのヒトラー、イタリアのムソリーニと同列に民主主義の敵とみなすようになった。パリを中心に活動していたバスク亡命政府大統領ホセ・アントニオ・アギーレもドイツのフランス侵攻により、アメリカ大陸へ逃れざるを得なくなり、代表部のあるニューヨークにやってきた。

合衆国政府は、バスク亡命政府のようなスペインの反フランコ共和国派亡命者を支援した。アギーレらバスク首脳たちも国際政治におけるアメリカ合衆国のヨーロッパ政治への影響力を考慮して、アメリカにおける活動を重視した。しかし、連合国は第二次世界大戦に参戦しなかったスペインのフランコ政府を打倒できず、戦後交渉によるバスク自治の獲得は達成できなかった。それでも大戦中から戦後にかけて、フランコ・スペインが国際社会から追放されていた間（一九四六―五〇年）、アメリカ合衆国とバスクの「蜜月」が続いた。

バスク人を優遇する「羊飼い法」

「蜜月」を象徴する出来事がある。一九四〇年代アメリカ西部の羊業者は労働力不足から厳しい状況に追い込まれていた。折からの第二次世界大戦参戦により、人員の引き抜きがあったうえに、戦争特需による羊毛の需要は急上昇していたのである。四二年一二月二九日、ネバダ西部の羊業者は、ネバダ羊牧場主協会を設立し熟練羊飼い（＝バスク人）の動員による不足緩和を要求して、同州選出の上院議員パトリック・マッカラン（元羊業者）に支援を求めた。マッカラン上院議員はヨーロッパからのバスク人の導入が現行移民法により熟練労働力の受け入れのみに限定されている以上、メキシコ人羊飼いよりもバスク人の方が優れているとわかっていても、無理だと考えていた。しかし協会からの執拗な要請を受けてマッカランは当局への働きかけを続けた。その結果、合衆国移民帰化局は翌四三年一月四日、一年間の一時滞在を条件にこれを許可した。戦時の特別事情として、バスク人羊飼い導入の計画が従来の移民法の留保事項として認可されたのである。

この一連の処置手続きがマッカランの議員立法による「羊飼い法」と呼ばれるものである。第二次世界大戦の最中、移民を制限していたアメリカ合衆国は羊毛製（ウール）の軍需物資生産の必要からバスク人羊飼いを特別ビザで入国させたのである。これにより、フランスバスクから、そして当時国交を断絶していたフランコ・スペインからも、保守的なナバラ出身者が多かったが、バスク人が入国した。さらに滞米バスク人はスペイン内戦で敗北しメキシコに亡命していたバスク人を救済するために、羊飼いとしてのアメリカ入国を政府に認めさせた。一九五〇年代には羊飼い諸法が制定され、この時期北アメリカのバスク人人口は一〇万名のピークに達した。

マッカラン上院議員は司法委員会委員長として一九五〇年国内安全保障法、いわゆるマッカラン法を立案した人物でもある。同法は、破壊活動規制法と非常事態拘禁法で構成され、「赤狩り」で有名なマッカーシーの活動の前座的な法律だった。地元の利益を優先したとはいえ、バスク人羊飼いに対する態度は当時の「国益」追求に反するものといえなくもない。

北アメリカとの関係は、前述したように捕鯨をはじめとした漁業関係者が大西洋岸に入植したことに始まった。フランスバスク人たちの多くはフランスの植民活動に参加し、現在のカナダへ定住した。今でもニューファンドランド島、仏領ミクロン島とサン・ピエール島、レッド・ベイなどにバスク・コミュニティーがある。北米西部はかつてスペイン帝国の領土、独立後のメキシコの領土であった関係から、スペインバスク人が西部植民やミッション（布教を伴う開拓事業）に参加した。太平洋岸の捕鯨や漁労、内陸に入って牛馬や羊の放牧、ブドウ栽培に従事した。そもそも牛・馬・羊などの家畜はスペイン人が植民やミッションにともなってヨーロッパからアメリカ大陸に持ち込んだものであり、一九世紀前半までに北米西南部が合衆国の領土となった時に、メキシコ方面に逃れたかつての所有者が放棄して残ったものであった。

一八四八年以後のゴールド・ラッシュにヨーロッパ大陸からフランスとスペインの両バスク人も参入し、すでに入植していた中南米からはスペイン人、スペインバスク人もやってきた。カリフォルニアに残るバスク人コミュニティーの多くは、この時代に由来する。

一獲千金のブームも去ると、自らの民族伝来の技術を生かした職業に従事した。なかでも羊飼い中心に牧畜はバスクの十八番《おはこ》となった。北米大陸西部に点在するバスク人コミュニティーは、この牧畜業との関連から始まったものが多い。ネバダ州リノ、エルコ、アイダホ州ボイシ、その他ユタ、ワイオミング、オレゴン、ワシントンの各州、カナダのバンクーバーなどバスク人コミュニティーでは人びとが今日でも活動し、バスク文化の保持、継承に努めている。スペイン語起源である多くの牧畜用語は、スペイン語系地名を示すだけでなく、西部の文化には南の要素があった証明である。ピレネーの山麓で、次に南米パンパの大平原で使われた技術が、アメリカ西部にやってきたのである。

ところで、二〇〇二年三月、アメリカ合衆国アイダホ州議会上下両院は、エウスカディ(バスク)の「主権」と「自決権」を問う住民投票を支持する議決をして波紋を呼んだ。アメリカ北西部には二万人のバスク人子孫が居住しているとはいえ、スペイン政府与党の国民党は大慌てをしてアメリカ連邦政府に抗議した。前年アイダホ州国務長官がバスクに招待されて、民族主義財団から表彰を受けていた。現在のバスク自治政府首班イバレチェはアイダホ州上院議長に謝意を表し、バスク州議会が現在の自治憲章の見直しに着手したことをアピールした。海外のバスク子孫と祖国を結ぶ連帯が誇示された事件である。このリモート・コントロール・ナショナリズム（遠隔地ナショナリズム）の例は、新しい「神話」と「絆」の形成に役立っている。

五　ポスト・フランコ体制でのバスク民族抵抗運動

ＥＴＡの結成

一九三六年一〇月、自らの政府を樹立するまでに民族運動は結実したが、ゲルニカ爆撃に象徴されるようにフランコ陣営の壊滅作戦に敗れた。その後の亡命政府はロビー外交、アメリカ合衆国の支援頼みなど、楽観主義に終始し、影響力が低下した。スペイン国内のバスクでは、フランコ時代（一九三九―七五年）にバスク語の使用禁止に代表される弾圧とそれに対する怨念が刻印される一方、破壊を免れた工業施設を利用しバスク産業がスペイン経済発展の原動力となった。経済繁栄と弾圧はアメとムチとなり、亡命政府が指導するバスク民族党（PNV）の活動が穏健化すると、一九五九年に同党青年部の一部とその分派「エキン」が穏健路線を離脱、バスク独立を標榜する「バスク祖国と自由（ETA《エタ》）」が誕生した。

フェデリコ・クルトゥビッツヒ（一九二一－九九年）、本名フェルナンド・サライル・デ・イアルツァは、一九二一年ビスカヤ県ゲチョに生まれた言語学者、作家、政治家である。どの肩書きが先頭になるのか、順番通りに一回りして言語学者に戻った一生だったといえる。一九五二年、王立バスク語アカデミー入会の演説後、その内容があまりに過激と受け取られ、自ら辞して、スペインを去った。ヨーロッパ放浪の亡命生活の後、六〇年代にはフランスバスクの港町ベアリッツに住み、そこで彼はETAの亡命第一世代と接触した。六三年に発表した『バスコニア』は、バスクの経済・社会の分析を踏まえて、現状が経済のみならず政治的にも文化的にもスペインからの略奪状況にあることを明らかにした。その著作はETAのメンバーをはじめ急進派に影響を与え、それまでのバスク民族党のみの民族理論に一撃を加えた。

彼の主張はヨーロッパ各地の植民地解放闘争にイデオロギーをもたらし、バスク解放に戦術を与えたと評価された。ETA第五回大会でその戦術が受け入れられ、経済、軍事、文化、政治部門が組織された。その討議内容は『バスク問題と革命的ナショナリズム』として六五年に公刊された。その後彼はETAの国際部門で活動、フランコ死後の民主化の中、七七年に亡命先から帰国し、ビルバオで言語学や歴史研究に専念した。古代ギリシア語を踏まえた統一（共通）バスク語の基準修正に協力し、九六年に「バスク市民構想」（元ビルバオ市長ホセ・マリア・ゴロルド主宰）のスペイン会議代表候補になった。

クルトゥビッツヒの理論に従って、ETAの抵抗運動は民族解放の武力闘争へエスカレートした。さらに第三回大会後に配布された機関誌パンフレット『エウスカディにおける叛乱』が提唱したゲリラ戦術が、彼の理論と合体して、バスクを第三世界ととらえて民族解放ゲリラ武力闘争が展開されることになった。

一方、一九六〇年に初代のアギーレの死後に第二代「大統領」に就任したヘスス・マリア・レイサオラは、六三年の「民族の祭典」においてETAの暴力闘争への呼びかけを激しく批判した。レイサオラは著書『バスク民族運動』に自らの考えを開陳しているように、西ヨーロッパのキリスト教民主主義に同調する穏健路線を固持した。

テロ集団化するETA

一九六〇年代初め、民族解放革命運動と自己定義したETAは、六五年からは左翼思想を取り入れ、バスクがスペイン資本主義に侵略、搾取を受ける対象と位置づけた。フランコ体制によるETA弾圧がバスク抑圧と重ね合わさって、ETAはバスク民族意識を抑圧するフランコ体制に対する抵抗組織とみられた。六八年、警察官を殺害し最初のテロ犠牲者が出た。七〇年のブルゴス軍事裁判でETAメンバーに死刑判決が下されると、国内外から非難の声が上がった。さらに七三年にフランコの後継者と目されたカレロ・ブランコ首相を殺害したことから、ETAの活動は国政に影響を及ぼすようになっていった。

一方、組織内部では武闘派と政治活動派が対立していた。七六年に双方の組織を対等にすることが決定されると、武闘派（ETA《エタ》-m《ミリ》）が離脱し、武闘と政治活動の両立を主張する政治・武闘派（ETA《エタ》-pm《ポリミリ》）が別組織「バスク左翼（EE）」を結成して、八二年には暴力の放棄を宣言した。しかし、ETA-mとETA-pmそれぞれの武装解除に反対するグループが合流し、バスク企業家がバスク労働者を略奪しているという理由から企業家を標的として誘拐を繰り返した。この要人誘拐による身代金請求、革命税の徴収など、ETAのテロ活動は住民生活や経済活動に被害を及ぼすようになった。

一九七五年、フランコの死後の民主化によって地方自治が承認されて、テロ戦術は抵抗運動のそれよりも犯罪集団のものとみなされるようになった。フランコ後の民主化移行期には、地方分権＝地方自治が民主化の拡充と考えられた。七七年からの「プレ自治」を経て、民主中道連合政権の下、七八年に新憲法が制定されたスペインは、後に一七の地方自治州からなる「地方自治」国家建設に歩み出した。

　スペイン中央政府はテロ対策として、ＥＴＡメンバーの避難所であるフランスはじめ、ヨーロッパおよびラテンアメリカ諸国と協議して封じ込めにかかった。しかし、民主主義の回復と自治の拡大は、ＥＴＡの暴力活動の終止符とはならなかった。ＥＴＡの攻撃は無差別化し、この「野蛮な行為」はバスクのみならずスペイン全体の問題となった。一方、ＥＴＡは独裁体制の下、反体制運動のシンボリックな存在であった「神話」を継承して民主化要求のなかで共鳴者を増やし、組織のネットワーク化をはかった。その共鳴者の中からまずバスク民族解放運動（ＭＬＮＶ）とその政治部局ＨＢ《エリバタスナ》（民衆連合）が結成された。さらにＭＬＮＶの指導部はＫＡＳ《カス》（社会主義愛国合同（調整）委員会）が掌握し、そのＫＡＳにはＥＴＡにつながる諸々のグループが参加した。

　収監中のＥＴＡ活動家の支援グループである恩赦支持委員会、九〇年代から公共機関や交通機関に放火するなど街頭騒動の首謀者ハライ（ＫＡＳ青年部）もこのネットワークの中に結成された。特に若者を集めて集団で騒ぎ回るハライの活動をみると、民族運動の「大義」は何処へ、と問いたくなる。これらの組織は、取締りが強化されると、次々に組織名を変えたり、組織を改編もしくは閉鎖して行方をくらますのである。

　バスク州政府は地方自治体制の下、非合法のＥＴＡを除く急進勢力も取り込み、公用語となったバスク語の普及、バスク警察の設立、ヨーロッパやアメリカ諸国との経済提携など、独自な行政を展開した。一方、止まぬテロ攻撃に対して、一九八二年末に発足した社会労働党政権は、内務省内にETA撲滅の秘密組織「反テロ解放グループ」(GAL)を結成、逃避所であるフランス側でそのメンバーを殺害する勇み足を犯した。九八年、GALの犯罪行為が裁かれて元内相はじめテロ対策の元幹部に有罪判決が下り、「汚い戦争」の実態も露呈した。

九六年から保守の国民党政権はETA包囲網を各方面から強化した。急進勢力の一つHBがETAの活動を支持する公然組織と判明、両勢力の広報活動の中心であり資金源とみなされた日刊紙『エギン』が九八年七月に強制閉鎖された。

一九七〇年代、バスク経済は産業構造の再編、転換を迫られていた。鉄、造船といった業種は、一九世紀末の産業革命以来、初めてともいえる不況に陥り、それまでの好況を支えた産業部門の整理統合が進んだ。工業施設の老朽化もあるが、ETAの暴挙に象徴される社会不安が新たな投資を拒むことになった。七一年に「アルト・オルノス・デ・ビルバオ」は新しい高炉を、地中海に面したバレンシア県サグント市に建設し、「地中海高炉会社」を新設して生産の主力をバスクの領域外に移すことになった。さらに八〇年代後半からのスペインでは、EC(ヨーロッパ共同体)加盟を視野に、ヨーロッパ基準のハードルを越すための企業再編が活発となった。従業員数が多い重工業部門は引き続き不況業種であり、整理統合により大量の失業者が発生、社会不安に悩まされる日々にバスクは追い込まれた。このような状勢の中、州政府与党バスク民族党ははみ出してゆく人々、まして非バスク人工業労働者の救済の動きには鈍いと見られた。これを補ったのが民族系労働組合であり、急進的な民族派であった。これらは、民族派というよりも、すでに組織名などに使用しているように「社会主義」急進派と考えるのが妥当である。

ＥＴＡの活動が継続することについて、心理的にはバスク民族の殉教者であるとの共通感情が一部にはあるが、その割合はむしろ低下している。ＥＴＡ周辺に集まる支持者たちは、社会的に疎外されていると意識する人々、特に若者の比率が高く、バスク人であろうが非バスク人であろうが関係がなかった。不況下の工業地帯が地盤沈下する中で若年労働者の失業率は高くなる一方であり、長引く不況、それに政治、社会の混乱が日常化した。このような状況下で、ＥＴＡの反国家、反権威のレトリックは、民族主義を離れて欲求不満のはけ口となり、暴力の継続を許す雰囲気が作り出されるのである。

このような閉塞状況を打破するためには、住民の側からＥＴＡの活動にＮＯ《ノー》を突きつけることでしか方法はなかった。しかし、脅迫の恐怖がある。治安当局も徹底した反テロの情報網を敷いていったが、反対にＥＴＡを殉教者とみなす民衆の中にもネットワークが構築されていた。密告が疑心暗鬼を生む雰囲気が一掃される契機となったのは、九七年七月ビスカヤ県エルムアの市議ミゲール・アンヘル・ブランコの予告殺人であった。殺害予告時間前、市民は街頭に出て助命を訴え、テレビ、ラジオのマスコミも定時放送を止めて助命を呼びかけた。しかし、願いは叶わなかった。バスクだけでなく、全国で抗議行動があり、ETAの非が明確になった。

九八年九月にETAは一方的に無期限停戦を発表、翌九九年一二月のその破棄まで、バスク和平への希求は高まった。しかし期間中、ETAの組織的なテロ活動はなかったものの、社会的な不満を持つ若年層を「街頭暴動」に駆り立ててメンバー予備軍を増やし、組織強化が図られていた。ETAの公然政党HBは、選挙前の党幹部大量逮捕の結果、九八年一〇月地方選挙では選挙団体「EH（エウスカル・エリタロック＝バスク市民）」を結成、和平希求を期待する急進的な民族派の票を確保したが、二〇〇一年五月地方選挙にはその後テロ再開の批判を受けて州議会議席を半減させた。しかしテロ事件はバスク内のみならず、全国に広がり、全世界が注目する地域紛争、テロ問題の一つとなっている。

スペイン国会では、二〇〇二年四月に新政党法案が上程され六月に成立、同月末に、HB（民衆連合）の一部が別組織として政党登録した「バタスナ（連合）」およびHBへの同法の適用が国会承認された。つまり、テロ支援政党の非合法化が決定し、司法当局はその

表 7　バスク州議会選挙結果

	2001年 議席数	(得票率)	1998年 議席数	(得票率)	1994年 議席数
バスク民族党(PNV)	33	(42.4%)*1	21	(28.0%)	22
国民党(PP)	19	(22.9%)*2	16	(20.1%)	11
バスク市民(EH)	7	(10.0%)	14	(17.9%)	11*3
バスク社会党(PSE-EE)	13	(17.8%)	14	(17.6%)	12
バスク連帯(EA)	—		6	(8.7%)	8
統一左翼(IU)	3	(5.5%)	2	(5.7%)	6
アラバ連合(UA)	—		2	(1.3%)	5
合計	75		75		75

注－＊１はEAと連立。＊２はUAと連立。＊３は民衆連合（HB）を示す。

2001年選挙（５月実施）は投票率79.0%、1998年（10月実施）は同69.9%

表 8　1998年州議会選挙投票時の支持政党別の民族意識

（単位＝%）

民族意識＼支持政党	全体	PNV	PP	EH	PSE	EA	IU	未成年	棄権
①スペイン人	5	1	19	0	12	2	7	1	2
②バスク人よりスペイン人	3	2	10	0	6	—	2	2	2
③バスク人、スペイン人半々	41	32	64	5	63	16	44	37	38
④スペイン人よりバスク人	17	27	4	16	5	24	17	23	13
⑤バスク人でもスペイン人でもない(バスク「人」)*	23	33	1	73	2	55	11	35	24
⑥わからない	6	3	0	3	9	2	18	2	16
⑦無回答	5	2	2	3	3	1	1	0	5

注－＊はスペイン人、バスク人と分類する以前に、バスクに住む住民という意味を持ち、バスクの地に生まれ、バスクの環境に育てば、バスク「人」と受け止めている。この解釈は、EHの支持者が多いことから、その主張に依拠してバスク「人」とした。バスク統計研究所による統計資料

政党の資産を凍結したのである。民族派が与党であるバスク州政府は、テロ批判をしないバタスナの議会内での支持が得にくい状況から、統一左翼（IU、中心はバスク共産党）を入閣させて与党安定をはかる内閣改造を行った。

テロ活動を否定しない民族急進派をどのように扱うか。現在のバスク州政府——バスク民族党、バスク連帯、バスク共産党の三党連立政権——は民族（住民）自決権を持ち出し、中央政府との将来の関係を問う住民投票実施を要求して、バタスナの地方議会からの排除を求める中央政府との対決姿勢を強めている。中央政府与党の国民党が最近のバスク地方選挙で支持を広げ、バスク社会党も野党側から民族政策を批判する中で、民族派の中心にあるバスク民族党は、テロ支援を否定できない急進派を切り捨てることができないままに政権維持に腐心している。バスク混乱の根源にあるETAによるテロ行為はフランコ時代の負の遺産といわれるが、現在でもバスクのマイナス・イメージを増殖している。民族運動の「大義」はこの活動からはもう伝わってこない。

第4章

言葉とアイデンティティ

バスクの全体像を紹介した『Ser vasco』。表紙は伝統的なバスクらしさを伝えている

一　バスク語の復権

一九七九年一〇月、バスク地方自治が住民投票の支持を得て法的に承認されたころ、つまりバスク地方自治体制がスタート・ラインに立ったときに、スペイン全体がそうであったようにバスク地方にも大同団結、呉越同舟による民主化の拡充のムードが優先していた。しかし、ある懸念は現実のものとなった。憲法承認の国民投票（一九七八年一二月）にはバスク民族党をはじめ民族派は投票ボイコットを呼びかけ、また急進的な民族派HB（民衆連合）は国政選挙に参加し議席を得たものの、スペイン国会を否定し、議会活動をしていない。地方自治では不十分、むしろ独立を望むという姿勢が貫かれたのである。

この構図は今日でも同じである。しかし、国政選挙から地方選挙までの投票数を見れば、民族派が絶対多数を獲得しているとはいいがたい。もうフランコ時代のような独裁制の社会ではなく、民主主義社会においては主義主張の複数性が認められてこそ、その価値がある。民主化が始まった当初、バスクにおける総選挙では社会労働党の票がバスク民族党を上回り、第一党であった。しかし、そのリーダーたちは民族問題の解決こそバスクの民主主義達成との判断で、第二党の民族派から地方自治政府首班を選び、さらに急進的な民族派を改革の枠内に入れる配慮から言語政策を重視した背景があった。一九世紀末からバスク民族運動は、これまで述べてきたようにバスク人のアイデンティティを「言語」に求めてきた事情があり、そしてフランコ体制の下で公的に民族言語の使用を禁止されたことを誰もが知っていた。「バスク語の復権」こそが、目にみえる民主化を象徴したのである。

復権までの歩み

バスク語とバスク人のアイデンティティとが結びついたのは、いつからであろうか。古いということを強調するために、バスク語はアダムとイブの「エデンの園」の言葉で、バベルの塔の言葉の混乱以前にすでに話されていた、とする珍説もある。バスク人は「バスク語を話す人々」と自己定義していたが、古代から現代までバスク語とバスク人が一体化していたと考えることはできない。もっぱら会話のみに使用される口承言語であり、書かれた文学が少なかったバスク語は、家庭内や集落の「内向けの言葉」であり、使用者はむしろ時代とともに減少していた。

一五四五年の最初の出版から一九世紀に至るまで、バスク語の出版物は少ない。文字化されたものの多くは宗教関係のパンフレットや資料であり、一九世紀末まではバスク語の雑誌も新聞もなかった。読み書きによる情報伝達はカスティーリャ語（スペイン語）やフランス語によっていたといってもよい。

ともあれ、一五四五年に最初のバスク語の文学書『バスク初文集』が出版された。著者は、フランスバスクのラブール地方、サン・ミシェル・ル・ヴューの司祭ベルナール・デチェパレで、低ナバラ方言で著した。著者は「これまでは印刷もされなかったが、いま世の中に出ていく」とバスク語の誇りを語り、自らがその先駆けとなることを自負している。その出版地であったボルドーを含むフランスバスクでは、ロマンス語に限らぬさまざまな言語の出版など文化活動が盛んであった。

一八世紀はバスク人を意識する格好の時代となった。ハプスブルク朝スペインから、中央集権支配を強化するブルボン朝に代わった。バスクにはフエロス（地方特殊法）が維持されていたが、マドリード中央からの圧力に抗して、バスクのアイデンティティが追求され始めた。マヌエル・デ・ララメンディ神父（ギプスコア出身）は、その時代の雰囲気を反映してバスクの一体感をバスク語に求めた文法書（『超困難な快哉（征服された不可能）バスク語文法』一七二九年刊、『カスティーリャ語、バスク語、ラテン語三言語辞典』一七四五年刊）を作成し、バベルの塔後に登場した七五言語の一つがバスク語であるなどと主張したが、それらは根拠の薄いものであった。しかし彼の仕事は著作の表題にあるように、手

表9　18、19世紀の人口

バスク3地方の人口　（単位＝人）

	ビスカヤ	ギプスコア	アラバ	合計
1787年	114,726	119,415	71,182	305,323
1797年	111,603	104,491	69,158	285,252
1810年	112,920	115,587	約70,000	298,507
1825年	144,875	135,838	(92,807)*	373,520
1857年	160,579	156,493	96,398	413,470

バスク4地方の人口　（単位＝人）

	ナバラ	ビスカヤ	ギプスコア	アラバ	合計
1843年	235,874	112,263	108,569	71,237	527,943
1900年	307,669	3県合計で603,596			911,265

注—*は推定数。Fernandez de Pinedo, E. 参考文献参照およびMadoz, P.: Diccionario geográfico-estadístico-histórico de Navarra, Madrid, 1986による

探り状態ながらもバスクの一体感を言語に求めたはしりであり、古代の一神教信仰の存在などを含めたバスク神話形成に一役を買った。

言語がバスク人のアイデンティティと大きく関わってくるもう一つの時期は、一九世紀末からである。統計的に見ると、一九世紀を通してバスク語使用の比率は減少していた。前述したように一八七六年からバスク社会は社会制度的にスペインに編入され、さらに教育統制によってカスティーリャ語が主流になり、農村部に残ったバスク語は消滅する、と考えられた。

一九世紀前半は、表9にも明らかなように大きな人口変動はなく、ナバラを含むバスク全体で五〇万人強が居住し、地域による違いもあるが、全人口の五五〜八四パーセントが

バスク語を話していた、といわれている。農村部の散村では一〇〇パーセントのところもあった。この期にバスク語人口が五〇万前後とされた数字があるが、それは当時のバスク全人口がバスク語を理解するとして論じられたことによる。人口統計からも上限五〇万を越えることなく、バスク語人口増も少ないまま停滞気味であったことがわかる。

そうであったとしても、バスク語人口は地域内においてまだ多数派を形成していた。しかし、一九世紀後半にはアラバの大部分、ナバラ南部のほとんどでバスク語が使用されなくなり、ビスカヤ、ギプスコア、ナバラ・ピレネー地域の農民と海岸部の漁民が日常的に使用するにすぎない、との記述もある。一八七四年、第二次カルリスタ戦争後、バスクが制度的にスペインに編入されるようになると、中央政府はバスク全域において初等教育の学校を建設し、カスティーリャ語を義務として教えた。それゆえに、バスク語人口の減少は顕著となり、バスク語は教会においてのみ生き残り、農漁村部で住民の交流に用いられるだけになった、といわれたのである。

カルリスタ戦争「敗北」——旧体制への大打撃

バスク語はまだ人々の意識のうえでは主流の言語であった。住民にとっては自分たちが使用する言語が古いか、新しいかの判断はできなかった。第二章で述べたように旧体制の崩壊が、まずカルリスタ戦争（「内戦」）の敗北、次に産業革命の本格化によって決定的なものとなり、バスク社会そのものが変質することになった。そこで旧体制とバスク語が古いものの範疇に入り、旧体制下のフエロスとバスク語が併記されてバスクの一体化の基本要素として持ち出されることになるのである。

二　カルリスタ第二世代と言語

サビーノ・アラナ——バスク語による民族運動

一九世紀後半から二〇世紀に向けてバスク社会をリードする人材は、カルリスタ戦争の第二世代から登場した。親の世代は、なんらかの形でバスク社会が大きく変質する起点となったカルリスタ戦争に関わっていた。第二章（一一二頁以下）で触れたサビーノ・アラナ・ゴイリもその影響下に育った。彼は、ビルバオ市街を流れるネルビオン川の河岸に造船所を持ち、海運業を経営、ヨーロッパやアメリカ各地との交易活動にも従事した裕福な家庭、アラナ家の三男として生まれた。父サンティアゴと長兄フアンはカルリスタに武器弾薬の購入資金を提供するばかりか、運動にも没頭していた。

一八七二年のカルリスタの再蜂起に際し、ロンドンから送られたカルリスタ側の物資がビルバオで荷揚げされた事件が発覚した。父と長兄はフランスへ逃亡、カルリスタ最高指導部があるバイヨンヌに落ち着いた。やがて家族もそこに合流したが、七五年にはより故郷に近いサン・ジャン・ド・リュスに移り住んだ。一家の末子サビーノが一〇歳のときであった。

しかし彼は幼少であったためにフランス語にはなじめず、もちろんバスク語もまだ知らなかった。ビルバオでは財産が没収されたままであったが、七六年、母パスクアと子供たちはビルバオに帰国し、数ヵ月後父も帰ってきた。ビルバオのアラナ家にはもはや、昔日の繁栄はなかった。

サビーノはすぐ上の兄ルイスとともに初等教育を受けるためにイエズス会系学校に通い、一八八三年には法学を学ぶためにバルセロナに向かった。バルセロナ進学と前後して父が死去し、母も子供を連れてビルバオを出てバルセロナに居を構えた。折からバルセロナでは文芸復興に始まるカタルーニャ民族主義運動が勃興し、民族の覚醒が活発になっていた。これに触発されたサビーノは故郷への思いに取りつかれ、兄ルイスに相談し故郷ビルバオに帰ってバスクの研究に没頭するようになり、八六年からバスク民族についての研究成果を発表し始めた。その前に彼は大人になって始めたバスク語習得にも心血を注いだ。その成果は彼の最初の著作『ビスカヤ・バスク語基礎文法』（一八八五年、一部出版、八八年完成版刊行）に結実した。この文法書は自分自身が体験したように、大人になってからのバスク語学習でも理解できるようになっていた。

一八八八年、ビルバオにおいて最初のバスク語教授職試験が行われると、サビーノは受験した。しかし、結果は無残であった。この試験には一歳年長である哲学者のウナムーノも受験し、失敗している。不幸は重なった。その年、母が死去した。

当時のビルバオの青年たちにとって、バスク語教授の職を得ることは羨望の的であったかもしれない。そのころのビルバオはバスク地方の中心都市として伝統を守るだけではなく、商工業活動が活発に展開され、外の世界にも開かれた賑わいがあった。さらに時期は産業革命が本格化する前夜でもあった。この町の「開放性」は、市街で話されるバスク語にも影響した。「田舎」言葉と理解されがちなバスク語が、「都会」のカスティーリャ語（スペイン語）の一部となって庶民生活になじんでいたのである。さらにサビーノはバスク研究に没頭する中で、言語、歴史の再構築によるバスク人の覚醒の可能性に着目するようになった。文法書の出版は彼の志の一端を表していた。

しかし人口構成から考えると、一九世紀後半のバスク語事情は必ずしもたやすくはなかった。一八六八年の調査によれば、全バスク人口の五四パーセントがバスク語を話し、その普及が最も進んだギプスコアでは一〇〇パーセント、ビスカヤでは九三パーセントの数字がある。しかし、その数字も急速に後退、特にビスカヤの工業地帯では著しく、バスクの外から流入する労働者が増えれば増えるだけ普及率は低くなっていった。一八九〇年には、ビスカヤ人口の五九パーセントがビスカヤかその他のバスク生まれであったが、一九〇〇年には五一パーセントに減少、労働者地区では三八~四八パーセントに下がった。一八九〇年から一九〇〇年の人口増加は二万八五二六人、出生による自然増加は五二六七人にすぎない。つまりバスク語を母語としない人々の比率が急増する傾向にあったのだ。

サビーノ・アラナが提唱するようになるバスク民族運動の参加者は、彼の主張にあるようにバスク語を話すことが鉄則であった。その運動の主体となったクラブの構成から、当時のビルバオの町におけるバスク語事情の一断面を垣間見ることができる。

一八九四年九月一二日から翌九五年一月五日の期間に登録されていたクラブ「エウスケルドゥン・バツォキハ」の主なメンバーは、職業別に見ると、ビルバオの町に住む職工(一五・〇パーセント)、店員(一七・〇パーセント)、事務員・書記・外交員・仲買人のいわゆるホワイトカラー(二五・〇パーセント)、商店主(一二・七パーセント)、日給労働者(八・五パーセント)、地主・企業主の中級・上級ブルジョアジー(二・〇パーセント)、大学教職員（四・二五パーセント）、学生（四・二五パーセント）で、これらでクラブ全体の八八・七パーセントを占めていた。参加者の大半は、時代の揺れに耐えている都市の「小市民」の集団といえよう。

このクラブはバスク語学校の設立を目的とした政治運動の中心で、一八九四年はバスク民族主義者が初めての政治結社、バスク民族党（ＰＮＶ）を創立した年でもあった。当時のスローガン「ラウラク・バト（Laurak Bat）」＝「四は一」（バスクはナバラを含め、ビスカヤ、ギプスコア、アラバで一体を表す）は、言語を軸にしてバスクの政治的な統一を目指すことを意味し、クラブの名称にも使われた。現在のフランスバスク三地方を含む「サスピアク・バト（Zazpiak Bat）」＝「七が一」の考え方はその「進化型」ということになる。

アスクエ――最初のバスク語教授

サビーノ・アラナのほかにも、カルリスタ戦争後の第二世代から次の二〇世紀を代表する人々がバスク語復興に尽力した。彼らは正書法の統一に努め、辞書を編纂し、古語やカスティーリャ語に由来する俗語を排除、つまり外来語を除外して祖先から受け継いだ言語の純化と発展を試みた。また、工業化の時代に即して、経済や科学用語を増やし、政治用語も加えた。理論と活動とを言語の上で一致させようとした。

レスレクシオン・マリア・デ・アスクエ（一八六四―一九五一年）は民俗学の専門家であった。現在でもバスクの伝統が保持されている生まれ故郷の港町レケイティオからビルバオに出て中等教育を受け、ビトリア、サラマンカで神学を修めた。言語を含むバスク民俗研究にも努め、さらにドイツ・ケルンの音楽学校に学んで音楽知識を深めた。一八八八年、ビルバオに帰ってきた時に、バスク語教授職試験を受けた。

前述したが、ウナムーノもアラナも受験したこの試験の勝者はアスクエで、彼はビスカヤ最初のバスク語教授となり、以後三〇年間中等教育学校に勤務し、言語およびバスク民俗学を研究した。著作『バスク語・スペイン語・フランス語辞典』（一九〇五―〇六年刊）などバスク語学習の発展に尽力、一九一九年にバスク語アカデミーが創設されると会長に就任、二七年には王立スペイン語アカデミー会員に推挙された。彼はバスク民衆の歌を採取し、その多くを『バスクの歌』にまとめて刊行した。今でも歌唱される民衆の歌はこれによっている。

ウルキホ――バスク語研究誌の発刊

カルリスタの系統を引き継ぎ、その王党派メンバーとして国会議員でもあったフリオ・デ・ウルキホ（一八七一―一九五〇年）は文献学、とりわけバスク語関係の希少本や内外の研究書の収集に奔走したばかりではなく、『国際バスク研究誌』を創刊（一九〇七年）し、編集に参加した。バスク語研究が国際的な視野で行われるようになったのは、彼の収集と研究誌に負うところが大きい。

彼はビルバオに生まれたが、カルリスタ系家族であったために第二次カルリスタ戦争が勃発すると、サンタンデルに逃避、戦後にビルバオに帰った。デウスト大学で法学を修め、文献学に興味を持つようになった。一八九四年、カルリスタの「王」の親友の娘ビセンタ・デ・オロサバルと結婚、その宮殿があったフランスバスクのサン・ジャン・ド・リュスに一時居を構え、やがてサンセバスティアンに住んだ。一九〇三年から三一年まで国会議員であったが、彼は選挙キャンペーンにおいて、バスクの古本を探す経験に基づいた「バスクの話」をした。

彼は王党派メンバーであったことで弾圧の対象となり、収集したコレクションがスペイン内戦時に没収されてしまうという不運に見舞われた。しかし、没収した役人がその第一級の価値を理解し、分散を防いだため、それらは現在、ギプスコア県庁とビスカヤ県庁付設図書館に収められている。一六世紀最初のバスク語本（『バスク初文集』）はパリの国立図書館にあるのが「唯一」といわれているが、彼は『国際バスク研究誌』でその復刻版を掲載した。これはウルキホ・コレクションにあり、パリにある「原本」のほうが復刻版と噂されるほど、彼の本収集にかけた情熱は尋常ではなかった。当然、バスク語アカデミー創立のメンバーでもある。

ミチェレナ——統一バスク語の作成

バスク語の碩学ルイス・ミチェレナ（一九一五―八七年）はギプスコア県レンテリア市に生まれた。祖先はフランスバスクのラブール地方である。カルリスタ第二世代に加えるにはさらに若い世代であるが、バスク語研究、教育の分野で前の世代とつながるところもあり、ここに取り上げることにしよう。

彼は青年期よりバスク民族党（PNV）の活動家になり、スペイン内戦時にはバスク軍将校としてバスク自治政府がフランコ軍に降伏したサントーニャで逮捕され、死刑判決を受けた。しかし最高刑が減刑され、一九四三年に出獄、マドリードで党の地下運動に参加した。四六年にふたたび逮捕されたが、釈放後、当時の党指導者フアン・アフリアゲラの個人秘書になった。

彼はバスク語研究にも従事し、バスク語アカデミーに参加（一九五二年）、その組織の「バスク語統一」部門を指揮するようになる。バスク語アカデミーは六八年に「統一（共通）バスク語（バトゥア）」を制定し、その普及を進めていくことを決めた。フランコ体制が崩壊し民主化が進む七七年にバスクに帰るまで、彼はサラマンカに住み、大学で講義した。その間の膨大な研究成果、著作がスペイン語とバスク語で発表された。その後はビトリアに住み、そこを州都とするバスク自治政府をバスク語部門の顧問として支援、バスク大学創設も訴えた。王立スペイン語アカデミー会員であり、政治的にはPNVから分裂したバスク連帯（EA）に加わった。

彼の生きた時代の政治状況がそうさせたのかもしれないが、バスク語保持や普及の背景に政治が見え隠れする。彼は最終的にEAに参加したが、EAは与党PNVの穏健な民族路線と決別して、より急進的な政策を進めようとしていた。言語の復興と普及による民族運動覚醒の動きは、彼の人生の航路とも重なりあうところがあったのである。ミチェレナが手がけてきた仕事は、一九八七年から巻を重ねる『バスク語総辞典』に結実したが、これにはバスク語の単語の語源や用例が網羅されている。

三　バスク語とカスティーリャ――エスパーニャの誕生

バスク語がバスク社会内における「連帯」のための大きな要素であることは、容易に理解できる。しかし、バスク語を話す人がバスク語だけですべてが賄える範囲に生活していれば問題はないが、バスク人の行動範囲は歴史的にみてもそれだけでは収まることはなかった。バスクの外で活動するバスク人が外部の言語をある時は容易に、ある時は困難を克服しながら使用してきたことに言及したものはあまり多くない。この点に注目して、隣接する、あるいは働きの場として生活するようになったカスティーリャ語（スペイン語）の世界とバスク人がどのように関わってきたかをみることにしよう。

第一章（三九頁）で紹介した言語学者メネンデス・ピダルは、スペイン語（カスティーリャ語）の起源研究で皮相的な見方を唱えた。彼は、バスク人がラテン語を最も拙《つたな》い発音をした結果、スペイン語が誕生したと説いたのである。これは笑えない「有名な話」であるが、文法的な理解の「拙さ」を冠詞の欠落や語順の混乱として表現したセルバンテスの『ドン・キホーテ』の例もある。これについては、後に述べよう。ここではまず、カスティーリャ語とスペイン語の関係というよりも、時系列を考えると「スペイン語」という表記が新しく誕生したものである点に注目してみよう。

エスパーニャ（España　スペイン）、エスパニョーレス（españoles　スペイン人、スペイン語）の用語は、キリスト教徒が支配するイベリア半島が八世紀初め南方からイスラムの侵入を受け、これに対する反抗、レコンキスタ（国土回復戦争）の中で誕生した。この戦いは一四九二年に終結するまでほぼ八〇〇年間続き、現在のスペイン社会の原型が形成された、ともいわれる。

この「エスパーニャ」の誕生について、ホセ・ルイス・アベジャン（思想史家）が『スペイン人自らが見たスペイン人』の中で述べていることを引用すると、以下のようになる。

「（スペインの言語学者）アメリコ・カストロは、われわれの歴史学の大きな誤りがヒスパニア（Hispania）――ローマ人が半島に与えた名称――とエスパーニャ（España）、つまりイスラム起源のことば（音）を混同してしまったことにある、と明らかにした。ヒスパニ（hispani　ローマ属州の住民）とエスパニョーレス（españoles　スペイン人）とを混同したのである。エスパニョーレスはプロヴァンス語の単語で一三世紀末にわれわれの言語に取り入れられた。その単語でキリスト教諸王国の住民を示したのであろう。住民たちは半月旗（イスラム）の勢力に対して明らかに一体となって戦っていた。反対にヒスパニはいわゆる一体としての意識に欠けていた。多くの事例からすると、ヒスパニは諸種族、または異なった民族の一握りにすぎず、時には内部における最小限のコミュニケーションもない。

カストロからみれば、一一世紀から一五世紀の間、すでにエスパニョーレスは実際に独自な内容をもった、（中略）過去つまりローマ時代におけるローマ人、西ゴート人などのコミュニティーとは異なった民族コミュニティーとして自らを意識していた。（中略）他のコミュニティー（イスラム、ユダヤなど）に対して一つのコミュニティーに帰属する意識をもって半島住民をまとめる最初の単語は、クリスティアノス（cristianos キリスト教徒）である。その単語がやがて語義の上でエスパニョーレス（スペイン人）と同一になる。」

そうであるならば、キリスト教徒であるバスク人は立派なエスパニョーレスの一員といえよう。レコンキスタ、さらにその延長としての海外植民に、カスティーリャ王国の下で活躍するエスパニョーレスであるバスク人たちがいた。彼らの活動は「バスク人はカスティーリャを作った人々。カスティーリャの萌芽は、その言語とともにバスクの領域にある」といわれるように、異なった母語を持ちながらも言葉の上ではあまり困難もなく展開された。カスティーリャの中心都市バリャドリードにおいてはかつてバブレ語が話されていたのに、バスク地方内ではカスティーリャ語が日常的に使われていた。カスティーリャの王たちはゲルニカ議事堂内にある絵画に見られるように、ここでビスカヤ領主に自らの言語（カスティーリャ語）で地方特殊法（フエロス）に宣誓した。

さらにカスティーリャ王国の北の港はビルバオをはじめバスク地方にあり、人と物とともに言語も流通した。国内のみならず、国外においても、カスティーリャ語とその発展した姿であるスペイン語の世界がバスク人の活躍の場にもなったのである。

四　『ドン・キホーテ』とビスカヤ人

セルバンテスの描いたビスカヤ人

セルバンテスは作品の中でバスク人を扱っているが、その特徴は「単純、傲慢、乱暴」な人物と表現されている、とバスク人の歴史家で民俗学研究家フリオ・カロ・バロハはいう。そのセルバンテス作『ドン・キホーテ』に登場するビスカヤ人は、ドン・サンチョ・デ・アスペイティア（アスペイティアのサンチョ）である。実はアスペイティアはギプスコア地方の町名であり、ビスカヤ地方にはない。そこで、セルバンテスがビスカヤ人としているのはバスク人全般を指すと類推できる。後述するが、バスク人哲学者ミゲール・デ・ウナムーノはこのドン・サンチョ・デ・アスペイティア登場を重視し、この人物にもう一人のドン・キホーテをみている。ビスカヤ人（バスク人）もドン・キホーテと同様にスペイン人の典型と解釈しているのである。

『ドン・キホーテ』の中では、作品が書かれた一七世紀初めにバスク人がいかにカスティーリャ王国の中で活躍しているか、またカスティーリャ語の野暮な理解がどのようなものかが巧みに表現されているが、この程度の「誤り」は母語としない者にとっては、ふつうにあり得ることでもある。ならば、発音の問題なのであろうか。訛りは在所の証明と思えば、バスク語を母語にするバスク人がカスティーリャ語、スペイン語の世界に入ってくることはそう難しいことではないのでは、と想像できる。しかし、その逆が困難を伴うことは必定であろう。

ここでは『ドン・キホーテ』の中でビスカヤ人（バスク人）について著し、ビスカヤ人が話す部分を抜き出してみる。洗練されない野暮な話し振りを作者、さらに邦訳の先達たちは次のように表した。

例1

カスティーリャ語を話すビスカヤ人は、構文中の語順が変えてある。

mientes que mira si otra dices cosa（『ドン・キホーテ』）

↓

mira que mientes si dices otra cosa（正しい文）
（訳：別のことを言うと、うそだ）

例2
冠詞が省略された例。
si lanza arrojas y espada sacas（『ドン・キホーテ』）
↑
si la lanza arrojas y sacas la espada（正しい文）
（訳：槍を投げ、剣を抜くならば）

例3
ビスカヤ人の虚栄心の見せつけ、またすべてがバスク人の栄誉を認めている部分。
¿Yo no caballero ?...! Vizcaíno por tierra, hidalgo por mar, hidalgo por el diablo!..
（訳：後記する、騎士また武士の箇所についての邦訳の部分を参照）

例4

性格的な激しさは、空威張りを免れ得ない。

matar a su ama y a toda la gente que se lo estorbase

(訳：奥様も邪魔になるものすべてを殺す。前進あるのみの意味。後記する邦訳を参照)

邦訳については、『ドン・キホーテ　正編一』(永田寛定訳、一九七一年改版、岩波文庫)と『新訳ドン・キホーテ　前編』(牛島信明訳、一九九九年、岩波書店)を参照する。以下、ビスカヤ人が登場する箇所の一部を引用する。

(中略)へたくそなカスティーリャ語、いや、めちゃくちゃなビスカヤ語で、こんな風に言った。(永田訳)【(中略)ビスカヤ訛りのひどいスペイン語でこう言った。(牛島訳)】

(ビスカヤ人がいう)

「やい、この武家、どげなと失せるがよか。身共を造りよった神にかけて誓うた。乗物通さんと、ビスカヤ人、われがそけにおるとおり、ぶっ殺すぞ。」(永田訳)【「やい、このへボ騎士、とっとと消え失せろ。わしを生ましゃったか神様かけて、この車通さんつうなら、ビスカヤ人のわしが、きっときっとお前ぶっ殺すがええか。」(牛島訳)】

（ドン・キホーテがいう）
「そちは騎士《カバリエーロ》でない。騎士《カバリエーロ》ならば、そちの愚昧無法を懲らさずにはおかぬのじゃ。さがりおれ、下郎は。」（永田訳）
（ビスカヤ人がいい返す）（例3）
「身共武士《カバリエーロ》ないとな？　神に誓うぞが、身共キリスト教徒確か。われ嘘《うそ》吐《こ》きじゃ。槍すてて、太刀ぬくよか。造作のう、泣きべそぶっかかゝす、見ろて。陸《おか》ゆくビスカヤ武士、海ゆく郷士、何処《どけ》くそゆこが郷士じゃ。われ余りのこと言《こ》く、うそじゃぞ。」（永田訳）【「なに、わしが騎士でねえだと？　わしゃキリスト教徒だて、神様に誓うて言うが、お前はひどい嘘っこきよ。お前が槍捨てて剣ぬきゃ、川に投げこまれた猫みてえに、あっという間におだぶつさ。ビスカヤ者《もん》は、陸でも海でもどこでも武士《さむらい》で、そうでねえとぬかしゃ、そりゃまっかな嘘っぱちよ。」（牛島訳）】
（例4関連の訳文）
ビスカヤの従士が、例のおそろしくでたらめな文句で、この戦いを思う存分にさせなければ、奥様だろうがほかの者だろうが、邪魔にはいる者をおれが殺してしまうと揚言したからだ。（永田訳）【ビスカヤ人が例の訛りのひどい言葉で、この戦いを最後までやらせろ、戦いの邪魔をする者は奥方であろうと誰であろうと、この俺が殺してく

れるとわめいていたので、どうすることもできなかった。（牛島訳）】

粗野なビスカヤ（バスク）人ではあるが、「陸《おか》ゆく武士、海ゆく郷士」ビスカヤ人の勇猛果敢な姿は、この世紀にはセルバンテスはじめ、人々が認めざるを得ない事実だったのであろう。

ウナムーノの反論

ビルバオ生まれの哲学者ミゲール・デ・ウナムーノは著書『ドン・キホーテとサンチョの生涯』（一九〇五年刊。邦訳は『ウナムーノ著作集2』アンセルモ・マタイス、佐々木孝訳、一九七二年、法政大学出版局）の中で次のように述べている。この部分も先達の訳を借用する。

われわれビスカヤ人たちの話し方を茶化すためにほかならない。たしかにわれわれはドン・キホーテの言葉を習得するのは時間がかかるであろうが、しかし今やわれわれは、これまでほとんど沈黙を守ってきたわれわれの精神をカスティーリャ語の中に吹きこむことを始めた。ティルソ・デ・モリーナ（注：一七世紀の劇作家）が次のように言ったのは正

しい。すなわち
　わが汝に与えんとするはビスカヤの鉄、
　言葉はすくなく、やることは遠大なり。
　われわれの言葉が自分たちの遠大な仕事に見合うとき、われわれの言葉は傾聴されるだろう。
　ドン・キホーテは誰かまわず騎士呼ばわりするが、例のビスカヤ人に対しては敬称を拒否した。彼は、バスク人たち（私もそのうちの一人だが）が、ティルソ・デ・モリーナによれば次のような人間であることを忘れている。
　「バスク人は」ノエ（訳のまま。注：ノア）の孫によって気品を与えられた。
　その高潔さは肩書きからくるものではなく、また彼らの血、言語、あるいは衣服は、
　異国の要素によって汚されたものではない。
　……
「私が騎士ではないのか」猛然と反発する。ゆるせない。
ラ・マンチャのドン・キホーテとビスカヤ人のドン・キホーテ
　荒野のドン・キホーテと緑なす山地のドン・キホーテとの間の戦い。

ドン・キホーテよ、私をして、私の血、私の血統、私の種族について語らしめよ。なぜならば、私の存在、私の価値のすべてを私はそれらに負っているからであり、また汝の生と汝の業績を感得する能力もそれらに負っているからである。

おお、わが揺籃の地よ、……わがビスカヤよ。

……一人のバスク人、アスペチア（同前。注：アスペイティア）のバスク人を眺めるとき、バスクの、そしてやはりアスペチア（アスペイティア）出身のもう一人の遍歴の騎士、すなわちキリストの軍団の創始者であり、ロヨラ家の出であるイニゴ・イェネス・オニャス・イ・サエンス・デ・バルダのことをふたたび思い出さないでいられようか。われわれの血統全体が、彼の中に凝縮していないであろうか。彼はわれわれの英雄ではなかろうか。われわれバスク人は彼をわれわれのものとして要求すべきではなかろうか。そうだ、彼はイエズス会士たちのものというより、われわれのもの、掛け値なしにわれわれのものなのだ。イエズス会士たちはイニゴ・デ・ロヨラをローマのイグナチオに、バスクの英雄をイエズス会的なえせ聖者にしてしまった。……

以上、ウナムーノの著作からの引用である。

ウナムーノがアスペイティアのバスク人を第二のドン・キホーテに擬し、そしてアスペイティア出身の遍歴の騎士ロヨラをも連想する。一七世紀カスティーリャの残像の中に生きる騎士ドン・キホーテは植民地「世界」帝国の典型的な人物像であり、ロヨラもその典型であった。ロヨラとは、あのイエズス会を創建したイグナチウス・ロヨラである。

ウナムーノの連想をさらに進めると、時代ごとにバスクからは時代を映す鏡となる人物が登場する。バスクは人々が知っているのとは異質なスペインを映し出しているようであるが、一方でスペインが抱える問題点や本質をえぐり出していると思えてならない。カスティーリャとバスクはスペインの二卵性双生児のようである。

五　ビルバオ言葉

バスク地方の中心都市であり、カスティーリャ王国の港町、商業の中心であったビルバオについてみると、バスク語、カスティーリャ語、スペイン語の共通分母が見え隠れする。

一九世紀末一八九〇年、ウナムーノは「ビルバオ言葉」について書き残している。

「今日、スペインの（地元の言葉を話す）ほかの大都市と同様にビルバオではビルバオ言葉が話されている。私の子供の時代には、まだバスク・アクセントのある特別な言葉が話されていた。その土地で私はカスティーリャ語を習ってきた。」
その後「ビルバオ方言」と位置づけられたバスク語訛りのカスティーリャ語が消滅する運命にあったことを考えれば、ウナムーノの世代が最後の世代の話し手であった。しかし、今日でもビルバオ独特の単語や言葉使いが子供の遊び言葉の中に残っており、そこではカスティーリャ語とバスク語が入り混じっているのである。
子供は次のような「数え歌」にして数字をおぼえた。

バト、ビ　コン　エル　エターイル、ラウ、ボスト、コン　エル　エターセイス
Bat, bi con el **eta-iru; lau, bost,** con el **eta**-seis
(一いいーち、二にいーい、の三。四よーん、五ごー、の六ろく。太字がバスク語、その他がスペイン語)

アクセントの位置が違う例は、ビルバオ言葉で「パイス (pais)」がスペイン語では「パイース (país)」、「パラリース (paralís)」が「パラーリシス (parálisis)」、「ビルバイノ (bilbaino)」が「ビルバイーノ (bilbaíno)」などがある。これらは徐々にスペイン語の発

音に修正されて消滅していく。

「ビルバオ言葉」を調査したマイテナ・エチェバリアは、まずビルバオが複数言語の最前線にあり、それらが合流した際にシンクロナイズされ、ダイアローグ（会話）の中に取り入れられる確率が高いことを指摘する。バスクそしてビルバオに特徴的な単語（バスク語）が調査対象全員から正答を得ている。上述した子供言葉にバスク語の影響が残り、大人が忘れてしまったものが子供の遊びに残っていることもわかった。

ウナムーノはバスク人がカスティーリャ語を独特な方法で話し、習得していると考えていた。カスティーリャ語とバスク語の言語的な境界（フロンティア）に近いビルバオは、一大商業都市として繁栄するなかで外の言語も入り込んだ結果、その言語はクレオール（混成）の特色をもつようになったのである。言語研究者ルイス・ミチェレナは、「ビルバオは昔からバイリンガルの町との感じをもつ」「（ビルバオの）バスク語はしゃれたものでなかったにしても、わかりやすく、良質な話し手や作家によるロマンセ（小説、物語）もあり、純粋なバスク語よりも教養を感じさせた」と記した。

バスク民族急進派の理論的基盤をつくった言語学者クルトゥビッヒは、バスク民族主義の創始者サビーノ・アラナのバスク語理解がカスティーリャ語を話すビルバオ人の「方言」語彙に対応していることを指摘する。この言語学者の目には、バスク民族国家を意味した「エウスカディ」そのものも、バスク語を話す人、つまりバスク人が考えたというよりも、カスティーリャ語を母語とするビルバオ人の発想だというのである。

二〇世紀の最後との思いもあり、そのビルバオに筆者は機会を得て、一九九八年四月からまる一年間生活した。そのときに一九七〇年代末の留学時代に身についたバスク語交じりのカスティーリャ（スペイン）語を何気なく使うと、あなたは一昔前の言葉をよく使うといわれた覚えがある。七〇年代終わり、民主化が始まったばかりのころ、スペイン語の単語を「抑圧の対象」が解けたバスク語に直して使うことが流行っていた。そのバスク語は今から思えばビスカヤ方言であったようだ。しかし、九〇年代末のバスク語は統一（共通）バスク語（バトゥア）であり、学校教育で習うものである。筆者にとっては若干の違和感をもったが、それでも表10のような方言とバトゥアの対照表を参照しながら修正して使用できるものであった。

九〇年代末には街中の標識はバスク語が増え、店の名、町の名さえ、バスク語表記になっていた。筆者が住んだ町の名は、スペイン語で「ラス・アレナス」、バスク語で「アレタ」であった。話す場所や友達の輪のなかでバスク語とスペイン語を使い分ける必要があったのは、苦痛でもあった。使用言語で政治志向が判断されるようになったからである。軽いスノッブで（気取って）バスク語を使っていた時代が懐かしくさえ思えた。

表10　バスクの方言対照表

ビスカヤ方言	ギプスコア方言	統一(共通)バスク語 (＝バトゥア)	カスティーリャ語 (＝スペイン語)	日本語
abi aitia amama abade	kabi aitona amona apaiz	habia aitona, aitia amona, amana apaiz, abade, sazerdote	nido abuelo abuela sacerdote	巣 祖父 祖母 聖職者

＊宗教用語は、各地ごとの用例があるとともに、ラテン語に由来するものが残る

sein baltz	aur beltz	haur, ume, sein beltz	niño negro	子供 黒い

＊ビスカヤとアラバ県では、バ音。東へ向かうと、ベ音になる

barri	berri	berri	nuevo	新しい

＊バ音が東へ向かうと、ベ音になる

domeka eztegu ule orio	igande eztai ille olio	igande, domeka eztei ile, bilo olio	domingo boda pelo aceite	日曜日 結婚 毛。髪 油

＊ r の音と l の音が混在する

uri	iri	hiri	ciudad	町

＊西のアラバ県では、huri。東へ向かうと、h（無音）が脱落する

zapatu zugatz	larunbata zugaitz	larunbat, zapatu zuhaitz	sábado árbol	土曜日 木

表11　「ありがとう」の対照表

eskerrik asko*	
eskerrik anitx	（ロンカル・スール地方）
mila esker*	（低ナバラ・ラブール地方）
esker mila*	（低ナバラ・スール地方）
eskerrik aski	（低ナバラ地方）
esker onez	（ギプスコア地方）

注―＊は、バトゥアで使われる

ビルバオといえば、シリミリ（sirimiri　小ぬか雨）が降り続くというイメージがあった。大西洋からの暖流がバスク沿岸部に到達するため冬場はそう寒くなく、夏場は涼しい。少しでも内陸に入ると、暖かい海からの風が山岳地帯に当たって降雨をもたらす。シリミリだけは防ぎようもないが、傘をさすほどでもなく、レインコートで十分にしのげる程度の霧雨であった。

ビルバオの代名詞ともいえるシリミリは、辞書的には新しい統一（共通）バスク語で、zirimiriと表記されて、そのまま発音すれば、チリミリ、シリミリどちらでもよい。ビルバオの友人に「シリミリは消滅したのか？」と問うと、「ああ、異常気象か、このごろは大雨が多いな。それにしても昔のことをよく知っているな」という答えが返ってきた。もちろん、シリミリもチリミリもバスク語である。

新しい言語がいかに構成されているか。その一端が表10の「方言対照表」からもわかる。言語人口が多いビスカヤ方言とギプスコア方言の用例が統一（共通）バスク語で採用された流れが示されている。しかし、音やスペルにおいて新しいバスク語と異なる方言もあり、学校で習う言語が家庭や町中で通じないことが指摘された。この齟齬《そご》も時間とともに「解消」へ向かう。なぜなら、伝統的な方言に親しむ老人の数は減少し、学校で習得した言語に慣らされた若者の数は増大するからである。後述するように、バスク地方自治政府はその言語政策によって、公的な使用言語を新しいバスク語に限ったのである。

　また使用頻度が高い文例「ありがとう（エスケリカスコ）」（表11参照）はポピュラーで、毎日でも用いる。バスクの一体感を育てるための言語政策は一つの用例を教えるだけだが、しかし多様な用例が各地に残っている。これこそ伝統の力である。バスクの多様な姿が歴史のなかで彩りをみせてきたのは、その伝統に根付いたものを保持していたことによる。先に使用言語において最も幅のある街の例としてビルバオを取り上げたように、大なり小なり複数の言語が並存していることが、発展するバスク本来の姿であり、外からのバスクの理解も進み、内外の交流も可能となる。小国の独自性は外に向かっての自信となるが、内に籠るためのものではない。

　新しいバスク語はエウスカラ euskara と表記され、学校教育で教えられている。一九七〇年代から八〇年代初め、私がビルバオで目にし、耳に入ったバスク語はエウスケラ euskera であった。そう発音しても十分に理解されるが、「エウスケラ」を「エウスカラ」と目の前で正されると、自然にではなく、人工的にも言葉は変わることがある、と実感した。

六　バスク語の普及

本文でみてきたようにバスク語は時代とともに変化しながらも、バスク人が使用してきた言語であり、自信をつける時、また自信を喪失しかかった時に、彼らは言語による一体感を求めてきた。かつてと異なるのは、バスク社会が多様な度合いを増していることと、さらにはバスク地方内がバスク人の活躍の中心、いやスペイン全体から見ても富を得る働き場になっていることである。バスク人は外で活躍するのに偉大な能力を発揮してきた。これについては歴史が証明している。古臭いしがらみがバスク人の原動力であった「過去」に対して、現在は「新しい伝統」が求められている。その新しいものが古いものの装いを取りながら現代に復活している一つが、新「バスク語」＝統一（共通）バスク語ではあるまいか。

文化や伝統を説き言語の継承を唱えながら、現代のバスク語復興運動はバスク人特有の実践的な面を体現しているが、しかし現状への適応に性急な側面は違和感も生んでいる。日常に使用する言語は日々変化する。前節「ビルバオ言葉」で紹介したように、使用言語は時代に影響されながら、時代を表現するものと考えられる。新「バスク語」が将来的に柔軟な対応をすることで、現代のバスク住民に相応しい言語になることが望まれる。この意味から、バスク語復興運動があまりにも政治に影響されすぎたことの弊害をまず指摘しておきたい。

イカストラ（バスク語学校）

バスク語で教育する学校をバスク語で「イカストラ」という。サビーノ・アラナが民族主義運動を起こした時から「イカストラ」構想はあった。最初の学校は、一九一四年にサンセバスティアンに創設された「コルコ・アンドレ・マリアレン・イカステチェア」である。バスク語の教育テキストも登場し、同時に同種の学校も設立されて二重言語による教育を目指したが、当局はこの運動を弾圧した。

ギプスコア地方では、一九二一年にトロサ、二八年にオレレタに開校したのちに、三〇年代には各地で広がり、ビスカヤ地方にも設置されると、連絡会議が結成された。三六年一〇月、バスク自治政府の樹立によってこれらの学校は公認された。しかし、スペイン内戦の敗北によってこの教育活動は個人の家で隠れて教える地下活動となった。七〇年代自由化の中でバスク語使用が寛大になり、ギプスコアを中心にイカストラ復興の動きが顕著になった。

フランコ死後の民主化のなかで、バスク語はバスク自治州内における公用語に認定され、その教育の気運は高まったが、その多くが民族主義急進派に担われており、連立政権内にある社会労働党は学校の公認に反対した。イカストラは篤志家や父兄の資金で運営されていたので、公的な援助が必要だった。しかしこれを受ければ、憲法で定める規則を遵守しなければならず、テキストも検閲を受けるために独自な民族教育が難しくなるという問題も浮上した。一九七六年には一九五校が登録されていた。

当初のイカストラの役割は幼児からバスク語を使用できるようにすることであったが、バスク語がバラバラになった農村部のコミュニケーションや、都市部や工業地区へ内部移民するバスク人への言語支援の目的で使われるようになった。この状勢に対応して、イカストラの運動は民族派の政党（バスク民族党）や労働運動、それに急進的な民族派（HBなどETAにつながる組織）と運動してきたといわれるが、その運動の主体はバスク民族党よりは急進派に移っていった。その一方で、与党バスク民族党は言語政策としてバスク語使用を公教育に取り入れたのである。そのために、イカストラは本来の目的を取り戻し、初等教育におけるバスク語の占める割合は年々増加している。

一九九三年五月イカストラ（バスク語学校）連盟が今までの運動を踏まえて、「幼児のバスク語話者育成が基本にある。その子供たちは民族意識を持ち、団結し、国を形成し、ヨーロッパへ、世界へ広がる」とする文書をまとめた。注目すべきは、バスク語の保存、伝播が目的であったことから、民族主義の推進に取って代わっていることである。バスク語の導入が民主主義達成の一要素であった「民主化移行期」の考えに対して、今は州政府当局が率先してバスク語の導入＝民族主義の推進を実行している格好になっている。しかし、地域的な特徴から移民労働者が多い、つまり非バスク系住民が多い地区でも、子供にバスク語を義務づける親が多い。これは、親たちが将来の有利を考えて選択した結果でもあり、民族教育に直接に賛同するものではない。

大人になってからのバスク語学習は苦痛であるようだ。大人のバスク語普及を目指して、公的な資金による「エウスカルテヒス（大人のバスク語学校）」が設立され、一般住民だけでなく官公庁の役人も通学時間が保証されている。しかし、その受講生は減少傾向にある。

公教育でのバスク語の半義務化

一九八二―八三年学期から導入された公教育におけるバスク語の半義務化（授業はバスク語のみ、バスク語とスペイン語のバイリンガル、バスク語を科目として履修、授業はスペイン語のみの四コース。それぞれのコース選択率は表12参照）は、確実にバスク語人口を増加させ

表12　初等学校・中等学校のバイリンガル状況

	1998―99年	2000―01年			
		州全体	同県別		
			アラバ	ビスカヤ	ギプスコア
モデルA(バスク語を科目として履修)	40.8%	34.3%	49.4%	41.8%	15.8%
モデルB(バスク語・スペイン語のバイリンガル)	20.2%	22.0%	25.0%	19.0%	25.5%
モデルD(授業はバスク語のみ)	38.1%	43.1%	25.6%	38.0%	58.7%
モデルX(授業はスペイン語のみ)	0.9%	0.6%	0.0%	1.2%	0.0%

注―このシステムは1979―80年学期から導入。バスク統計研究所による

表13　1996年の家庭での使用言語・母語アンケート

家庭での使用言語　(単位＝人、%)

	人口	バスク語	スペイン語	バスク・スペイン語	その他
バスク州	2,098,055	13.6	77.3	8.5	0.6
アラバ県	281,821	1.5	94.6	3.4	0.5
ビスカヤ県	1,140,026	8.6	84.2	6.6	0.6
ギプスコア県	676,208	27.2	58.5	13.9	0.4

母語

バスク州		20.3	74.1	4.0	1.6
アラバ県		3.2	93.4	2.2	1.2
ビスカヤ県		13.6	81.3	3.3	1.8
ギプスコア県		38.6	53.8	6.0	1.6

注―バスク統計研究所による

た。しかしその導入前夜の一九七八年から八二年、四〇〇〇名以上の教員が他の州へ転勤を希望した。またバスク自治州内の住民は大学受験に際してバスク語の成績表提出が義務づけられているために、その成績評価が悪い子弟を持つ親は、周辺の他自治州へ住民票を移し、転居する例もある。

バスク州立大学が二〇〇三―〇四年学期の科目登録の結果を発表した。すべてまた一部にバスク語を使用する六六科目（全体の八六パーセント）に八六一六名の全登録学生のうち、四一パーセントが履修登録をした。一〇年前は、二四パーセントにすぎなかった。教員資料では、三〇歳未満の九一名の教員のうち七〇パーセント、三〇〜四〇歳の八〇〇名のうち六〇パーセントがバスク語とスペイン語のバイリンガル講義ができる。入学試験においては五三・三パーセントがスペイン語で、四六・七パーセントがバスク語で受験した。教育の現場では、一九八二年から公教育に導入されたバスク語の半義務化の効果はこれらの数字が物語っている。

この二〇年間、バスク語義務化の下で育った子供たちは、学校教育の中とはいえ、統一（共通）バスク語を理解し、社会に巣立っていった。州政府は企業や街中の店でバスク語を使用する運動を推進し、バスク語教育を介してバスクの一体感を高めようとしてきた。その成果は就業体験が少ないか、ほぼ皆無の「若者」の中に確実に広がっている。しかしその若者たちに格好な職がない。少子化問題も関係するが、バスク地域内における就職は経済成長があるとはいえ、限られてくる。経済的に親離れができない「パラサイト現象」や若年労働者の失業問題が、バスクのイメージを変えかねない芽を抱えている。

終章

バスクの現在

プラス・イメージ形成へ

新しいバスクを象徴するグッゲンハイム・ビルバオ美術館

グッゲンハイム効果

ビルバオ市街地に隣接して、かつて工場が乱立し、労働争議が絶えなかった場所、つまりその工場跡地に、現代美術を展示するグッゲンハイム・ビルバオ美術館が威容を誇り、道路を挟んで多目的音楽ホールが大きな船形の姿を見せている。一九九七年一〇月に開館したグッゲンハイム・ビルバオ美術館は、「グッゲンハイム効果」といわれるほどに記録的な入館者数をはじき出し、今やビルバオだけでなくバスクの誇りの象徴となり、そのもたらす経済効果だけでなく、バスクのイメージ・アップにも役立っている。

ニューヨークに本部があるこの美術館の誘致をはじめ、ビスカヤ県とその県都ビルバオは、「ポスト工業都市」の将来設計の中で、「文化・商業都市」を目指して文化施設や商業センターの建設を工場跡地に進め、その建物の設計を世界中に募っている。

ビルバオにはヨーロッパ連合内の同じ問題（「ポスト工業化」）を抱える都市から次々と視察団が訪れ、二一世紀の都市計画の手本として見学している。グッゲンハイム財団は当初、バスクの聖地への無差別爆撃を題材としたピカソ作「ゲルニカ」をマドリードから移転して展示する条件で、新館建設に合意した。この提案は実現しなかったものの、ニューヨークの財団幹部は、バスクという「古臭い特異性」と「超現代的な美術館」のミスマッチに賭けて建設構想を受け入れた、といわれている。

この美術館は、フランク・ゲーリー設計の奇抜な巨大な建築物に加えて、アバンギャルドな作品を多く展示する。国内外からやってくる入館者数が増えるにつれて周辺整備が進み、新しいホテルやショッピング・モール建設に拍車がかかった。さらにバスクの自慢料理よりも便利なファースト・フードを選ぶ観光客を目の当たりにして、バスクの住民意識が変わった。レストランは食事内容、時間について客の便宜を図り、土曜の午後、日曜日に休業していた商店も営業するようになった。バスクの「古臭さ」に外の新しさが加味され、飛躍の可能性を追求する試みが始まったのである。

誘致にあたっては、バスク政財界の人脈が動員された。ニューヨークのグッゲンハイム財団本部との交渉は、かつての海外移住によって広がったバスク人脈の土着的な郷土愛とこの地の伝統に興味を持った財団の意図が合致した結果、成功したのである。「外圧」で変化を試みる志向は、常に外の世界とつながってきたバスク人の見識、知恵にそもそも備わっていたのである。

モンドラゴン協同組合

バスクの家「カセリオ」を中心にした隣人たちとの共同作業の伝統は、漁業における集団漁法、その集団「漁業コフラディア（講）」にもみられたが、現代では男の料理クラブ「グルメ・クラブ」にも生かされている。この伝統が企業活動に生かされて世界が注目する協同組合グループに成長した「モンドラゴン協同組合」がある。スペイン内戦後、疲弊したギプスコア県モンドラゴンに赴任したホセ・マリア・アリスメンディアリエタ神父は、技術学校を作り、石油ストーブ・コンロを製造する工業協同組合を立ち上げた。この一九五六年から出発した協同組合は、今や約五万人が働く、巨大な企業グループに成長した。

その協同組合には工業、銀行、流通、教育（モンドラゴン大学の創設）の各部門があり、翼下の「ファゴール」は国内資本最大の家電メーカーであり、「エロスキ」は国内最大のスーパーマーケットである。地域の労働者が出資者であり、利益とサービスを享受するシステムは、自主管理、共同所有の新しい企業形態モデルである。地域社会を重視しそれに貢献する。さらに、外の世界へ向けて広がりをもっている。この組織の基本理念にキリスト教（カトリック）思想とバスク民族意識がある。換言すれば、バスクの伝統思想が現代に生かされる、現代におけるバスク・モデルの発展例としてモンドラゴンがある。

グッゲンハイム・ビルバオ美術館とモンドラゴンの協同組合は、バスクの現在、そして将来を考えるにあたってのプラス・イメージなのだ。

「エウスカレリア」に学ぶ

バスク自治州（バスク語名は「エウスカディ」）政府は、二〇〇三年の現行憲法制定二五周年の年に州首班の名を冠した「イバレチェ提案（プラン・イバレチエ）」を発表、地方自治憲章（ゲルニカ憲章）の見直し作業に入った。住民の主権と自決権を尊重し、地方自治の拡大により、従来の従属的な関係を改め自由な中央政府との連合（「自治自由連合」）を求めている。モデルは、アメリカ合衆国とプエルトリコの関係という。これに対して中央政府は反発、憲法違反として憲法裁判所への提訴を考慮し、バスク内でもアラバ県議会は「エウスカディ」からの離脱を示唆した。中央政府、アラバ県議会とも反民族派が与党である。

さらにテロを擁護する政党（HBやバタスナなど）の解散を命ずる「新政党法」が二〇〇二年に成立すると、中央政府は、これに応じないバスク州議会および州政府をバスク高等裁判所と憲法裁判所に二〇〇三年に提訴、一方、バスク州議会は欧州議会に人権擁護を理由にその廃案を求めた。欧州議会がバスク州の訴えを退けた（二〇〇四年二月）ものの、バスク州政府は一般議案として「イバレチェ提案」の審議を強行し、修正案の受け入れ、住民投票の日程まで発表した。二〇〇三年のイラク戦争開始にあたり、時のアスナール国民党政権はイギリス政府とともにアメリカ合衆国政府を支持して戦闘開始の口実作りに協力したが、ETAの国内テロと国際的なテロと関連づけたイラク問題を結びつけて（リンクして）、解決を図ったのである。

中央政府とバスク側双方の最大の問題は、ETAのテロ撲滅にある。中央政府はフランス政府との協力による取り締まりの強化、力づくによるETA組織の壊滅を意図し、その効果によりテロ組織が弱体化したとの認識にある。しかし、完全な解決にはならない。バスク民族派勢力は、テロに反対しながらも、ETAを含む急進的な民族派を話し合いのテーブルに着かせて、ETA自らが武装解除する方向を模索している。その土俵作りの一策が「イバレチェ提案」と考えることができるが、双方が歩み寄るにはまだ深い溝がある。

そこで考慮しなければならないのは、バスクが民族派一辺倒か、ということである。またそれぞれの特徴のある地方、地域を「バスク」として一つにまとめて扱うかどうかの根本的な問題がある。これまで述べてきたが、言語政策に代表されるように、民族派は「バスクは一つ」となるように腐心してきた。今回の「イバレチェ提案」もその流れにある。新規にスローガンを打ち出すことで、漏れるものなく一つにまとめようとするバスク人のアイディアがこの提案にはある。しかし、アラバ県のように歴史的にも「バスク度」の低いところでは反論も出る。

そもそもポスト・フランコの民主化のなかで、バスク自治州の州都を決めるにあたって最も「バスク度」の低いアラバ県の県都ビトリアが選ばれ、民族派最大の勢力バスク民族党（PNV）の本部が従来からのビスカヤ県の県都ビルバオに置かれ、その党首にナバラ県やギプスコア県の出身者が選ばれたことに「作為」が感じられる、と思っても不思議ではないであろう。この素朴な疑問点について筆者が民族派の友人に質問すると、彼は即座に否定したものの、高速道路網が発達してそれぞれの三つの県都が車で一時間以内にあり、通信手段も迅速化していてバスクを一つに結ぶのに支障がない、との見解であった。呉越同舟の民主化の中で、確かに「バスクの一体化」は急務で、目指すゴールであったことは間違いがない。

交通・通信手段の発達によって、かつての地方や地域の特色は薄れていったのも事実であるが、家や地域コミュニティーを中心にした住民意識は顕在である。テロ事件があると、どんな小さな町でも住民が広場に出て無言のまま立って抗議の意思表示をする光景に、筆者は何度か出会ったことがある。この光景は今も続いている。ETAの活動に反対の意思表示をすることが「報復」に直結する恐れがある中で、住民が政治党派に関係なく立ち上がったのである。州政府系のアンケート調査によれば、一九九七年のミゲール・アンヘル・ブランコ予告殺人事件から住民の意識は変わったという。

身近なところから住民が参加していくスタイルは、町の政治や文化活動にも反映されてくる。バスク社会全般にある閉塞感を取り除くには、住民意識の変化からまずは始まる。住民参加の地域政治の展開は、筆者の体験からも「グッゲンハイム効果」の延長上にも見ることができる。地方自治の獲得により独自な財政運営が可能であり、また有力地元企業の存在から他地方よりは豊かな財源の投入が可能であったビスカヤ県およびビルバオ市は、奇手ともいえる美術館の招聘で、「鉄の町」の構造不況脱却の活路を見出したのである。その導入の決断は一握りの指導者や有力者であっても、どのように活用するかは住民の意志にある。モンドラゴンの協同組合の成功例のみならず、日本でもサッカー・クラブの運営で馴染みになった「ソシオ（会員）」が運営に参加する美術館や各種団体が住民参加の具体例として挙げられようが、その例はバスク社会には伝統的にあった。かつての有力者のみの「ソシオ」ではない、普通の住民も「ソシオ」に参加する地域コミュニティーが活動する姿が今日のバスクにはある。

このように住民の活動や意識が変化しているにもかかわらず、受け入れる政治システムや政治家が既成の枠内にまだ留まっているところに、バスク政治の停滞がある。急進的な民族主義に苦慮する政治は旧来のシステムに固執しているが、住民参加型の社会はバスクという地域の枠を越えて世界を拓く方向性を示している。民族（人種）に収斂しない、

（個人であろうが集団であろうが）地域コミュニティーの強烈な個性がその方向性の基盤にあることを、住民は無意識ながら歴史から学んでいる。バスク住民が政治的また民族主義的な「エウスカディ」ではなく、外に拓かれた「エウスカレリア」の子孫であることを、その歴史から改めて学ぶ時が到来したのである。

あとがき

本書は「バスク」を中心テーマに扱ってきたが、果たして「バスク」がスペインの中で特異なものであるかどうか、すぐに断言するには躊躇する中身になっている。スペインはヨーロッパ諸国同様、それぞれの地方が多様性をもつ国である。バスクは、スペイン的なものなど隣接する周辺地域のものを多分に含みながら特異性を発揮しようとしてきた「地域」である、といってよい。このようにいうのは、バスク人の活躍の場がバスク内に限らず、特異性を発揮するにはむしろ外の世界が必要であったからである。今日のヨーロッパが共通性を保持しながら個々に独自性を発揮する姿がよくみえるように、バスクの領域をスペインに限らず、ヨーロッパ、アメリカ、アジアに広げてみると、それぞれの世界で活躍するバスク人を通してバスクらしさがより明らかになる。このような考えから、バスクをとらえよう、という意図が本書にはある。

上位にヨーロッパ、中位にスペインなどの国家、下位にバスクのような各地方・地域がある。このような配列に加え、考え方の軸を地中海、大西洋など地理的にもっと広いまとまりにおけば、また異なった階層化が想定できよう。幅広く、大きな共通点をあげておいてこれを大元《おおもと》にして、区分けする手段、方法を選ぶと、従来のように民族、言語などの要素が初めにあり、その中心核となる部分を特定してから順次周辺に広げていく手法では気づかなかったものもある、と考えられる。また違いのみを取り上げて明確な区分を求めるのではなく、重なり合う部分を上位にして考える。そうしてみていくと、今までの「謎」が解けそうな気がする。

「バスク構成の基本要素」として人種と言語を取り上げる「従来」の手法を取れば、当然の結論として「謎」がそのまま解答として戻ってくる。そこで従来型の始まり方をしながら、本書では重なり合う部分を考慮に入れることに努めた。その結果、人や物の交流、交易が盛んな地域では、民族や言語など確定的な要素がぶれて変化してくることがわかる。あえて、違いを明確にすることで対立のみを取り上げることもできようが、違ったものが混ざり合うことで根源的なものがより明らかになり、また共通なものを見出す新しい可能性も出てくるのである。

バスクの歴史をたどってみると、根源の明確性ゆえに、外ではできるだけ外のものに同調するが、内では根源的なものにこだわり保持する傾向があるように思う。その根源とは、民族や言語という従来型だけではなく、あえて、家（カセリオ）を核に、少し広めて地域社会にある、つまり集団（コミュニティー）の習慣として身についたものにある、と考えて本書ではこれを取り上げた。家のしきたり、町の取り決め、などなど向かう先々で異なった規則、習慣に遭遇することがある。このバスク型と受け取ってもよいものに注目した。バスクに生活してみると、一層その感が強まる。家のしきたりは周りの人々が同じ環境下の者であれば、遠く離れた空間でも有効である。その空間は同時代だけでなく、時間も移動する。家のしきたりに始まってバスクの伝統にまで言及される「根源」が、行く先々で微妙に異なった「根源」になりながらも保持されてきた。バスクの人々の移動によって残されたものは、その例でもある。

筆者は、本文でも述べたが、外の世界との交流が歴史的にも最も頻繁にあり、また現在もそうであるバスク最大の都市ビルバオで学び、生活をしてきた。そのためにビルバオ市、ビスカヤ県出身の知人、友人が調査対象のサンプルとなった。彼らはバスク、バスクと内に籠る場面もあるが、外にも開いていて、内外のものの交流の場所に生活している「感覚」を持っている。言語についても同様で、ビルバオにおける日常の話し言葉が、古いものと新しいもの、内のものと外のものが交じり合って、ミックス、フュージョン状況を作り出しながら、ハイカラに響く経験を筆者は何度もした。筆者のバスク語との初対面もハイカラな言い回しからだった。この体験がバスク人を「謎」として、「特異」扱いする問題点に取り組む契機になったのである。

ビルバオのサッカー・クラブ「アスレティック・ビルバオ」についてはすでに言及したが、このクラブの自慢は、バスク人以外の選手が所属していないことである。試合では選手もサポーターもバスク民族意識を前面に出して闘志を掻き立てる。本拠地サンマメス・スタジアムは、通称「カテドラル（大聖堂）」といわれるほど、土、日曜日にビルバオのサポーターが集う場である。もちろん、敬虔なカトリックであるバスク人が宗教ミサをほっぽらかしてサッカーに、というのではなく、教会の方よりも人々が集まるからスタジアムでミサをやろうというのが、命名の本当のところらしい。そのアスレティック・ビルバオは最近、唯一スペイン人だけのサッカー・チームと紹介されている。バスク民族意識が過剰に反応し、バスク人だけのチームであることが、ついにスペイン人だけの唯一のチームになってしまったのである。

言い方を換えれば、内に閉じ籠るつもりが周りの事情が変化し、思いと異なった結果になってしまったのである。バスク人は変わらず「伝統」を維持するのみ、変わるのは周りだけ、という「自信」がバスク人の主張を曲げないものにする可能性もある。しかし、スペインのなかのバスク、ヨーロッパのなかのバスク、という状況を考慮することを受け入れ、文化や経済面ではともかく政治的には現状を理解して納得がいくのである。外の事情にも目をやる自覚も必要であろう。

閉塞状況にある今日のバスク社会について所見を求められる時、ナショナリズムの眼鏡を外して、バスク人の歴史をみて学ぶように、筆者はいうようにしている。過剰な民族意識によって歴史は歪曲してはならない。バスクの歴史には、「謎」であるがゆえにバスク人の自己流な解釈を許す余地が作られてしまった。民族や言語についての「謎」はまだ解かれていないが、歴史時代になってからは「事実」に基づいて記述されるべきで、「謎」を作り出すべきではない。事実を突き合わせれば、バスク人の歴史時代は「謎」ではない。本書でみたように、バスクには一つの歴史だけがあったわけではなく、多様なバスクの歴史があった。ときにはバスクらしからぬものとして、民族派が排除しようとするのも、バスクの特徴の一つである場合すらある。それゆえに、バスクはその初出の時から、政治的な意味を含む「エウスカディ」ではなく、「エウスカレリア」の人々の世界であり、その特色がバスクらしいといえよう。

地域的に小さいから一つにまとまるものでもなく、小さいながらも多様なものは多様と理解することが肝要である。バスク人の活動の歩みは、本書でもみたように小さな歩みではなく、世界をも動かす大きな歩みであったのである。

筆者は、かつて最初の著作『バスク　もう一つのスペイン』（彩流社刊）によってバスクを体系的に紹介したが、知らず知らずのうちに年月が経過してしまった。ふと気づいたとき、平凡社の方から執筆のすすめがあり、近年の事情を踏まえて再び「バスク」をテーマにした本書を執筆することになった。

スペインおよびバスクから届く新聞や雑誌を読むことが日課になって久しいが、近年はインターネットによって、関連記事をさらに調べたり、かの地の友人と議論する楽しみも増えた。若いバスクの友人の中には、自らの歴史にも疎《うと》い者もいる。そこでバスクに関わった者としてコンパクトなバスク総論を紹介する「務め」が生じた。幸いビルバオにあるデウスト大学において客員教授として出講する機会があり、バスク論についてのレジュメを作成する必要もあった。その際に準備したレジュメに私の体験的なことを加えたのが本書である。

手元にある参考文献は列挙して記載したが、通説として流布しているもので出典が特定できないものもあった。ここで改めてそれらの著者たちに謝意を表する。また執筆のきっかけをいただいた平凡社の竹下文雄さん、編集に尽力いただいた浅井四葉さん、土居秀夫さん、最終的に刊行までお付き合いいただいた及川道比古さんに感謝申し上げる。さらにビルバオ滞在中に真っさらな眼でみて助言をくれた妻恵美子にも、記して感謝する。

二〇〇四年二月

渡部哲郎

中海学会、1999年）
「バスク州議会選挙の分析――『和平プロセス』とバスク住民の投票行動」（『横浜商科大学紀要』第８号、2001年）

Sarrailh de Ihartza, Fernando: La nueva vasconía, San Sebastián 1979
Unzueta, Patxo: Bilbao, Barcelona, 1990
: Sociedad vasca y política nacionalista, Madrid, 1987

◎バスク語関係辞書類：本文で使用したもの

Diccionario vasco-castellano, 2 vols., Editorial Mensajero, Bilbao, 1981
Hiztegia, 2000, Bilbao, 1984
Eskola Hiztegia, 2000, Elkar, Donostia, 1984
Michelena, Luis: Diccionario general vasco (Orotariko euskal hiztegia), Bilbao, 1987-
Montiano, José Antonio de: Método "IKAS" de Euskera Básico Común, Editorial Vizcaina, Bilbao, 1975

◎本著に記述した「テーマ」ごとの詳細は、以下の拙著、拙稿をご参照ください。

『バスク　もう一つのスペイン　改訂増補版』(彩流社、1987年)
「サビーノ・アラナのバスク民族主義思想――『近代』への抵抗の一形態」(川口博編『伝統と近代』、彩流社、1988年)
「ツーリズムの原点――スペイン・サンティアゴ巡礼」(『21世紀へのツーリズム』横浜商科大学公開講座16、南窓社、2000年)
「サントニャ降伏交渉――バスク軍のイタリア軍への投降」(『スペイン現代史』第3号、スペイン現代史学会、1986年)
「スペイン内戦・ゲルニカ事件報道――日本に於ける報道の例」(『常葉学園大学研究紀要外国学部』第4号、1987年)
「スペイン内戦『難民』――フランスからメキシコへ(『スペイン現代史』第7号、スペイン現代史学会、1990年)
「インターネット上の少数民族――バスク民族の『離散』状況を知る」(『月刊百科』1997年1月号、平凡社)
「バスク人とアメリカ合衆国西部」(『スペイン現代史』第9号、スペイン現代史学会、1994年)
「グッゲンハイム効果」(『This is 読売』1999年2月号、読売新聞社)
「グッゲンハイム・ビルバオ美術館」(『地中海学会月報』220、地

Fernández de Pinedo, Emiliano: Crecimiento económico y transformaciones sociales del País Vasco 1100-1850, Madrid, 1974
García de Cortázar, Fernando y Azcona, José Manuel: El nacionalismo vasco, Madrid, 1991
García de Cortázar, Fernando y Lorenzo Espinosa, José María: Historia del País Vasco, San Sebastián, 1988
García de Cortázar, Ferando y Montero, Manuel: Diccionario de historia del País Vasco, 2 vols., San Sebastián, 1981
Haritschelhar, Jean (dir.): Ser vasco, Toulouse y Bilbao, 1986
Historia general de la emigración española a Iberoamerica, 2 vols., Madrid, 1992
Humboldt, Karl Wilhelm von: Los vascos. Apuntaciones sobre un viaje por el País Vasco. En primavera del año 1801, San Sebastián, 1975
　　: Los vascos. Prólogo de Miguel de Unamuno, San Sebastián, 1998
Intxausti, Joseba (dir.): Euskal Herria. Historia eta gizartea. Historia y sociedad, San Sebastián, 1985
Laburu, Miguel: Ballenas vascos y América, San Sebastián, 1991
Libro tercero de la Geografía de Estrabón que comprehende un TRATADO SOBRE ESPAÑA ANTIGUA (reproducción del libro en 1997)
López de Juan Abad, José Manuel: La Autonomía Vasca. Crónica del comienzo, San Sebastián, 1998
López Sainz, Celia: 100 vascos de proyección universal, Bilbao, 1977
Martínez Salazar, Ángel: Aquellos ojos extraños, Vitoria, 1995
Menéndez Pidal, Ramón: En torno a la lengua vasca, Buenos Aires, 1962
Morán, Gregorio: Los españoles que dejaron de serlo. Euskadi, 1937-1981, Barcelona, 1982
Nieto, Ramón: Los vascos, Madrid, 1996
Payne, Stanley G.: El nacionalismo vasco, Barcelona, 1974

参考文献

◎主要な参考文献

Abellán, José Luis: Los españoles vistos por sí mismos, Madrid, 1986

Aguirre y Lekube, José Antonio: De Guernica a Nueva York pasando por Berlín, Buenos Aires, 1943 (『バスク大統領亡命記―ゲルニカからニューヨークへ』、狩野美智子訳、三省堂、1989年)

: La gestión del gobierno de Euzkadi desde 1936 hasta 1956, París, 1956

Alliéres, Jacques: Les Basques, 2 éditon, Paris,1979 (『バスク人』、萩尾生訳、白水社文庫クセジュ、1992年)

Arana Goiri, Sabino: Obras Completas, San Sebastián, 1984

Arnáiz Villena, Antonio y Alonso García, Jorge: El origen de los vascos y otros pueblos mediterráneos, Madrid, 1998

Azaola, José Miguel de: Los vascos ayer y hoy, 2 vols., Madrid, 1976

Azcona, J. Manuel: La participación vasca en la empresa colonial y emigratoria americana, en Historia general de la emigración española a Iberoamérica, Vol. 2, Madrid, 1992

Bleiberg, Germán (dir.): Diccionario de historia de España. Madrid, 1968-1969

Caro Baroja, Julio: Los vascos, Madrid, 1986

Collins, Roger: Los vascos, Madrid, 1989

Corcuera Atienza, Javier: Orígenes, ideología y organización del nacionalismo vasco. 1876-1904, Madrid, 1979

Douglass, William A. & Bilbao, Jon: Amerikanuak. Basques in the New World, Nevada, 1975

Egaña Sevilla, Iñaki: Diccionario histórico-político de Euskal Herria, Navarra, 1996

Etxebarria Arostegui, Maitena: Sociolingüística urbana. El habla de Bilbao, Salamanca, 1985

2002　6月、スペイン国会、新「政党法」可決（HBが非合法とされ、HBはバタスナに改名。2003年3月、最高裁、バタスナなどの非合法を承認。4月、解散命令、その後SA愛国社会主義に改組改名。5月、最高裁、この組織も解散命令）

2003　9月、バスク州政府、欧州議会の人権裁判所に新「政党法」破棄を提訴（2004年2月、却下）。9月、イバレチェ案（地方自治憲章の改正）の発表（11月、州議会審議へ。スペイン政府、憲法裁判所へ提訴）

2004　3月11日、マドリードで連続列車爆破テロ、死者は190人。ETAは関与を否定、アルカイダ系グループが犯行声明。3月14日の総選挙で野党第一党の社会労働党が勝利。

1934 カタルーニャとバスク両地方の代議士の抗議運動、10月革命（アストゥリア革命）勃発
1936 2月、総選挙（左派政権樹立）。7月、スペイン内戦勃発。10月、バスク自治憲章成立、バスク自治政府樹立
1937 3月、北部戦線の戦闘再開。4月、ゲルニカ爆撃。6月、ビルバオ陥落（バスク自治政府は亡命政権へ）
1939 4月、スペイン内戦終結。9月、第二次世界大戦勃発（～1945）
1946 国連、スペイン排斥決議（～1947）
1953 スペイン・アメリカ合衆国相互友好条約締結
1955 スペイン、国連加盟
1959 ETA（バスク祖国と自由）結成
1960 アギーレ初代バスク自治政府大統領死去
1968 ETA、最初の暗殺テロ
1970 ブルゴス軍事裁判においてETA 6人に死刑判決
1973 カレロ・ブランコ首相、ETAにより殺害
1975 フランコ死去、フアン・カルロス一世即位
1977 6月、総選挙。バスク・プレ地方自治成立
1978 憲法承認の国民投票、憲法発布
1979 3月、総選挙。10月、バスク地方自治の住民投票、地方自治憲章（ゲルニカ憲章）成立
1980 地方議会選挙でバスク民族党（PNV）が勝利、バスク社会党との連立政権成立
1982 総選挙で社会労働党が勝利、ゴンサレス政権成立
1986 スペイン、EC（現ヨーロッパ連合・EU）加盟
1992 バルセロナ五輪、セビーリャ万博開催
1996 総選挙で国民党が勝利、アスナール政権成立
1997 ミゲール・アンヘル・ブランコ（国民党市議）予告殺人事件、全国で反ETA抗議デモ
1998 6月、バスク社会党、州政府から離脱（PNVとの連立解消）。7月、GAL事件で社会労働党政権の元内相、政府高官に有罪判決。9月、リサラ（エステーリャ）宣言調印（民族急進派の和平提案）。ETAが無制限停戦を宣言（1999年12月、破棄）
2000 1月、ETA、マドリードで暗殺テロ再開

1764　バスク友好協会設立
1789　フランス革命勃発（1793年、革命軍に対してギプスコアとビスカヤが同盟して戦う。1795年、ビスカヤ、アラバ、ナバラへ侵入。1807年、ナポレオン軍が国境の町イルンを攻撃）
1808　独立戦争勃発（1810年2月、ビスカヤ、アラバ、ギプスコアに各地方評議会が成立。同年10月、カディス議会開設）
1812　1812年憲法制定（スペイン最初の自由主義憲法）
1813　ギプスコア、ビスカヤの地方評議会、カディス議会に参加、スペイン国境をビダソア川までに画定。6月、ビトリアの戦い。8月、サン・マルシアルの戦いでナポレオン軍がスペインより撤退
1814　フェルナンド七世帰国、王政復古
1833　カルリスタ戦争勃発（フェルナンド七世死去、イサベル二世即位、王弟カルロス五世として王位請求）
1839　ベルガラ講和条約（第一次カルリスタ戦争終結）
1848　第二次カルリスタ戦争勃発、鎮圧
1855　3月、カルロス五世死去。11月、ビルバオ銀行創立
1868　1868年革命勃発、イサベル二世フランスへ亡命（ブルボン朝崩壊、1870年11月、アマデオ即位）
1872　第三次カルリスタ戦争勃発（～1876）
1873　第一共和政成立（2月、アマデオ退位）
1874　王政復古（ブルボン朝アルフォンソ一二世即位）。カルリスタによるビルバオ包囲（2～5月）
1876　1876年憲法発布、バスクのフエロス廃止
1894　バスク民族党（PNV）創立（1908年、第1回党大会）
1898　米西戦争勃発、サビーノ・アラナがビスカヤ県議会当選
1914　第一次世界大戦勃発
1923　プリモ・デ・リベラ、軍事独裁政開始（～1930）
1931　4月、地方議会選挙、第二共和国成立（アルフォンソ一三世、亡命）。6月、バスク地方自治憲章作成、立憲議会選挙。12月、第二共和国憲法制定
1933　総選挙（左派から中道・右派へ政権交代）

バスク略年譜

旧石器後期	洞窟文化、フランコカンタブリア、イスパノアキテーヌ文化圏
新石器	ドルメンなど、巨石文化の時代
前6世紀	ケルト民族、ピレネー山脈を通過
前3～2世紀	ローマのイベリア半島侵入
409	ゲルマン民族、イベリア半島侵入開始
414	西ゴート侵入、バスク人と戦う（アラバ、ナバラの一部占領）
711	アラブ人（イスラム教徒）のイベリア半島侵入開始
718	ローマ、ポンペヨポリス（現パンプローナ）に拠点確立
905	ナバラ王国創設（920年頃、バスク地方が王国領土に）
1016	ナバラ王国、カスティーリャ伯領と境界画定
1033	イニゴ・ロペス、ビスカヤ領主国創建
1076	ナバラ王国、アラゴン王の統治（～1134）
1187	ナバラ王サンチョ賢王、ビトリア創建
1200頃	ギプスコア、カスティーリャ王国に服属
1379	ビスカヤ領主国、カスティーリャ王国に併合
1483	カスティーリャ女王イサベル、ゲルニカにて宣誓
1492	レコンキスタ完了、コロンブスのアメリカ到達
1511	ビルバオに海事領事館設立
1512	ナバラ王国、アラゴン王国に併合（1513年、カスティーリャ・アラゴン連合王国に編入、副王制になる）
1516	カルロス一世、カスティーリャ王即位（ハプスブルク朝スペイン開始）
1529	カスティーリャの貿易独占解除、ビルバオなどバスクの港がアメリカ貿易に参加
1589	アンリ・ド・ナヴァール、フランス王に即位（アンリ四世）、バス・ナヴァールなどフランス併合
1659	ピレネー条約締結、スペインとフランスの国境画定
1701	スペイン王位継承戦争開始（～1714）、ブルボン朝スペイン開始（1700～）
1728	カラカス・ギプスコア会社設立

【著者】
渡部哲郎（わたなべ てつろう）
1950年島根県安来市生まれ。島根大学文理学部卒業、上智大学大学院文学研究科博士課程修了。常葉学園大学外国語学部助教授、ビルバオのデウスト大学客員教授などを経て、横浜商科大学商学部教授。専攻はスペイン史、地域研究（バスク）。著書に『バスク　もう一つのスペイン』（彩流社）、『新スペイン内戦史』（共著、三省堂）、『スペイン讃歌』（共編著、春秋社）、『新訂増補スペイン・ポルトガルを知る事典』（共同監修、平凡社）など。

平凡社新書221
バスクとバスク人

発行日――2004年4月15日　初版第1刷

著者――渡部哲郎

発行者――下中直人

発行所――株式会社平凡社
東京都文京区白山2-29-4　〒112-0001
電話　東京(03)3818-0743［編集］
東京(03)3818-0874［営業］
振替　00180-0-29639

印刷・製本―図書印刷株式会社

装幀――菊地信義

ISBN4-582-85221-1
NDC分類番号382.36　新書判(17.2cm)　総ページ232
平凡社ホームページ http://www.heibonsha.co.jp/